Libri I Kuzhinës Ham-Parsa

100 receta të shijshme me proshutën më të mirë italiane

Anita Spahiu

Materiali për të drejtat e autorit ©2023

Të gjitha të drejtat e rezervuara

Asnjë pjesë e këtij libri nuk mund të përdoret ose transmetohet në çfarëdo forme apo mjeti pa pëlqimin e duhur me shkrim të botuesit dhe pronarit të së drejtës së autorit, përveç citimeve të shkurtra të përdorura në një përmbledhje. Ky libër nuk duhet të konsiderohet si zëvendësim i këshillave mjekësore, ligjore ose të tjera profesionale.

TABELA E PËRMBAJTJES

TABELA E PËRMBAJTJES — 3
PREZANTIMI — 7
MËNGJESI — 8
   1. Kifle mini Frittata të mbështjella me proshtutë — 9
   2. Vezë të mbështjella me lakër jeshile — 11
   3. Kungull i njomë, proshuta dhe parmixhan — 13
   4. Kafshimet e vezëve me spinaq — 16
   5. Sanduiç i hapur me proshutë dhe vezë — 18
   6. Kupat e vezëve me proshutë të pjekur — 20

MEZHET DHE KAFSHIMET — 22
   7. Kafshimet e gocës dhe proshutës — 23
   8. Topa mocarela të mbështjella me proshutë — 25
   9. Kumbulla të mbështjella — 27
   10. Rrotulla me makarona me salcë domate kremoze — 29
   11. Rrota të shijshme të proshutës — 32
   12. Arra, Fig dhe Prosciutto Crostini — 34
   13. Salami dhe Brie Crostini — 36
   14. Proscuitto dhe Mozarella Bruschetta — 38
   15. Kafshimet e karkalecave me nenexhik — 40
   16. Kafshimi i dardhës, rrepkës dhe mikrogjelbërimit — 42
   17. Kupa e proshutës së kifleve — 44
   18. Topa proshuto me avokado — 46
   19. Patate të skuqura proshutë — 48
   20. Sanduiç me mbështjellës marule me pak karbohidrate — 50
   21. Kafshon kungull i njomë i mbështjellë me proshutë — 53
   22. Tas sushi me proshutë dhe pjeshkë — 55

23. Asparagus i mbështjellë me proshutë Parma	57
24. Pjatë antipastë me proshuto dhe pjepër	59
25. Lepsa të pjekura në skarë dhe fiq të mbështjellë me proshuto	61

SANDWICH DHE BURGER — 63

26. Brumë i thartë, Provolone, Pesto	64
27. Sanduiç me pulë në Seattle	66
28. Prosciutto dhe Taleggio me Fiq në Mesclun	68
29. Djathë i pjekur në skarë me proshutë borziloku me luleshtrydhe	70
30. Mocarela, Proshuto dhe Reçeli i Fikut	72
31. Bocadillo nga ishulli Ibiza	74
32. Domate dhe djathë Mahon mbi bukë ulliri	76
33. Kubanezët	78
34. Sanduiçe me fiku dhe proshutë	80

RREJTAT — 82

35. Fruta kivi dhe karkaleca	83
36. Cutlets Prosciutto & Pesto	85
37. Pulë me glazurë balsamike	87
38. Pulë borzilok	89
39. Thëllëza mbi perime dhe shirita proshutë	91
40. Pule & Prosciutto me lakra brukseli	93
41. E shijshme mish mishi	95
42. Proshuta e gjoksit të rosës	97
43. Gjoks pule me proshuto dhe sherebelë	99
44. Pallards pule me proshuto dhe fiq	101
45. Borziloku dhe Halibut i mbështjellë me proshutë	103
46. Djathë dhie me bar dhe karkaleca proshuto	105
47. Taban i skuqur me chard dhe proshuto	107

MAKARONA — 109

48. Lazanja me kërpudha të egra & ekzotike	110

49. Borziloku dhe Halibut i mbështjellë me proshutë	113
50. Lasagna Alfredo Pule	115
51. Pena me salcë vodka	117
52. Makarona borziloku me limon me lakra brukseli	119
53. Fettuccine al prosciutto	122
54. Proshuta me arra pishe Fetucine & domate të thara	124
55. Fettuccine me proshuto dhe asparagus	126
56. Fusilli me proshuto dhe bizele	128
57. Fusilli me shiitake, brokoli rabe dhe salcë proshuto	130
58. Papardelle me proshuto dhe bizele	133
59. Makarona me borzilok dhe proshuto	135
60. Rrotulla makaronash të mbushura me proshuto	137
61. Makarona feste me proshuto	140
62. Tortellini me bizele dhe proshuto	142

SALATA DHE ANËT   144

63. Sallatë me proshutë me pjepër	145
64. Sallatë rukole dhe kërpudha perle	147
65. Sallatë me fiq, proshutë dhe nektarinë në shurup vere	149
66. Bishtaja të pjekura me proshuto	151
67. Proshutë e mbështjellë me asparagus	153
68. Sallatë Antipasto	155
69. Kuti snack Antipasto për dy	157
70. Sallatë me fiku dhe proshutë	159
71. Sallatë për mëngjes me grejpfrut, avokado dhe proshutë	161
72. Sallatë me patate të ëmbla të pjekura dhe proshutë	163
73. Sallatë me proshutë viçi të pjekur në skarë	165
74. Zemra dhe proshuta nga Angjinarja	168
75. Kopër me kërpudha & proshuto	170
76. Mango & proshuto	173

77. Boconcini me sallatë kungull i njomë dhe proshuto	175

PIZZA — 177

78. Pica me proskuitto dhe rukola	178
79. Pica Four Seasons/Quattro Stagioni	180
80. Pica në stilin e New Orleans	182
81. Pica me Angjinarja & Prosciutto Pita	184
a) Pica proshuto dhe rukola	186
82. Korrja e kungujve me gjalpë dhe pica me mollë	188
83. Micro Leaves Pesto & Rukola Pica	191
84. Pica e pjekur në skarë me barishte me proshuto	193
85. Pica me fiq dhe proshutë	195
86. Pica me ton me kaponata dhe proshuto	197
87. Pica proshuto-domate	199

ËSHTIRËS — 201

88. Shtresa briosh me gjalpë me proshuto	202
89. Tortë balsamike me pjeshkë dhe brie	204
64. Tortë mishngrënëse	206
95. Tortë me qepë dhe proshuto	208
96. Bukë me domate me ullinj proshuto	210
97. Popover proshuto-portokalli	212
98. Proshutë e ëmbëlsuar	214
99. Torte me patate me mocarela dhe proshuto	216
100. Panakota me bizele jeshile me proshutë	218

PËRFUNDIM — 221

PREZANTIMI

100 receta të shijshme për proshutën më të mirë italiane
Përshkrimi: Libri I Kuzhinës Ham-Parsaështë udhëzuesi juaj përfundimtar për të krijuar pjata të shijshme me këtë proshutë të dashur italiane. Nga antipasta klasike te pastat e shijshme, supat e përzemërta dhe ëmbëlsirat dekadente, ky libër gatimi përmban 100 receta të thjeshta për t'u ndjekur që shfaqin shijet e pasura, të kripura dhe paksa të ëmbla të proshutos.

Pavarësisht nëse jeni një entuziast i proshutës ose i sapoardhur në këtë përbërës të shijshëm, ky libër gatimi ka diçka për të gjithë. Mësoni se si të bëni proshuto të bërë në shtëpi, ose ngrini lojën tuaj të gatimit me receta krijuese si shpargujt e mbështjellë me proshuto, pica me fiq dhe proshuta, ose gjokse pule të mbushura me proshutë dhe djathë dhie.

Çdo recetë vjen me udhëzime të hollësishme, një listë përbërësish dhe një fotografi me ngjyra të plota, kështu që ju mund të shihni saktësisht se si duhet të duket pjata juaj. Do të gjeni gjithashtu këshilla të dobishme për zgjedhjen e proshutës më të mirë, ruajtjen e saj dhe kombinimin e saj me përbërës të tjerë për të krijuar profilin e përsosur të shijes.

Pra, pse të presim? Merrni një kopje të Libri I Kuzhinës Ham-Parsa dhe filloni të eksploroni botën e shijshme të kuzhinës italiane sot!.

MËNGJESI

1. Kifle mini-fritata të mbështjella me proshutë

PËRBËRËSIT:

- 4 lugë yndyrë
- ½ qepë mesatare, e prerë hollë
- 3 thelpinj hudhre, te grira
- ½ kile kërpudha cremini, të prera hollë
- ½ kile spinaq i ngrirë, i shkrirë dhe i shtrydhur i thatë
- 8 vezë të mëdha
- ¼ filxhan qumësht kokosi
- 2 lugë miell kokosi
- 1 filxhan domate qershi, të përgjysmuar
- 5 ons Prosciutto di Parma
- Kripë Kosher
- Piper i sapo bluar
- Një formë e zakonshme për kifle me 12 filxhanë

UDHËZIME:

a) Ngrohni furrën në 375°F.

b) Ngrohni gjysmën e vajit të kokosit mbi nxehtësinë mesatare në një tigan të madh prej gize dhe kaurdisni qepët derisa të jenë të buta dhe të tejdukshme.

c) Shtoni hudhrat dhe kërpudhat dhe gatuajini derisa lagështia e kërpudhave të ketë avulluar. Më pas e rregullojmë mbushjen me kripë dhe piper dhe e hedhim me lugë në një pjatë që të ftohet në temperaturën e dhomës

d) Për brumin, rrihni vezët në një tas të madh me qumësht kokosi, miell kokosi, kripë dhe piper derisa të përzihen mirë. Më pas, shtoni kërpudhat e skuqura dhe spinaqin dhe i trazoni që të bashkohen.

e) Lyejeni pjesën e mbetur të vajit të kokosit të shkrirë në tepsinë e kifleve dhe lyeni çdo filxhan me proshuto, duke u kujdesur që të mbulojë plotësisht pjesën e poshtme dhe anët.

f) Ziejini kiflet në furrë për rreth 20 minuta

2. Vezë të mbështjella me lakër jeshile

PËRBËRËSIT:
- Tre lugë krem të trashë
- Katër vezë të ziera
- ¼ lugë çaji piper
- Katër gjethe kale
- Katër feta proshuto
- ¼ lugë çaji kripë
- 1 ½ filxhan ujë

1. Qëroni vezët dhe mbështilleni secilën me lakër jeshile. I mbështjellim me fetat e proshutës dhe i spërkasim me piper të zi të bluar dhe kripë.
2. Rregulloni Instant Pot mbi një platformë të thatë në kuzhinën tuaj. Hapni kapakun e sipërm dhe ndizni.
3. Në tenxhere hedhim ujë. Organizoni një shportë me thurje ose avullore brenda që erdhi me tenxheren e menjëhershme. Tani vendosni/rregulloni vezët mbi petkun/shportën.
4. Mbyllni kapakun për të krijuar një dhomë të kyçur; sigurohuni që valvula e sigurisë të jetë në pozicionin e kyçjes.
5. Gjeni dhe shtypni funksionin e gatimit "MANUAL"; kohëmatës në 5 minuta me modalitetin e parazgjedhur të presionit "HIGH".
6. Lëreni presionin të rritet për të gatuar përbërësit.
7. Pasi të ketë mbaruar koha e gatimit, shtypni cilësimin "CANCEL". Gjeni dhe shtypni funksionin e gatimit "QPR". Ky cilësim është për çlirimin e shpejtë të presionit të brendshëm.
8. Hapeni kapakun ngadalë, hiqni recetën e gatuar në pjatat e servirjes ose në tasat e servirjes dhe shijoni recetën keto.

3. Kungull i njomë, proshuto dhe parmixhan

Bën: 12

PËRBËRËSIT:
- 1 qepë e vogël, e grirë hollë
- 1 kungull i njomë, i grirë në rende
- 3 gota miell të thjeshtë
- 3 lugë çaji pluhur pjekjeje
- 1 lugë çaji kripë deti
- ½ filxhan parmixhan i grirë
- 4 vezë
- 2 e gjysmë gote qumësht
- 200 gr gjalpë pa kripë, i shkrirë dhe i ftohur

Salcë e ëmbël domate
- 1 luge vaj ulliri
- 1 qepë e vogël e grirë
- 1 djegës i vogël djegës i kuq, i grirë
- 2 lugë pastë domate
- 420 g domate të grira në kuti
- 1 lugë sheqer kaf
- Shërbejeni me proshuto, salcë domate dhe domate qershi

UDHËZIME:

a) Për të bërë salcën, ngrohni vajin në një tigan mesatar mbi nxehtësinë mesatare të lartë. Shtoni qepën dhe djegësin dhe gatuajeni për 2-3 minuta ose derisa të zbuten. Shtoni pastën e domates dhe gatuajeni edhe 1 minutë.

b) Përzieni domatet e konservuara, sheqerin kaf dhe 1 filxhan ujë. Lëreni të vlojë, zvogëloni nxehtësinë në minimum dhe ziejini për 15 minuta ose derisa të trashet; mbaje ngrohtë.

c) Për të bërë waffles, vendosni qepën, kungull i njomë, miellin, pluhurin për pjekje, kripën dhe parmixhanin në një tas të madh përzierjeje; përzieni mirë.

d) Rrihni vezët, qumështin, gjalpin së bashku në një enë të madhe dhe përzieni përzierjen me kungull i njomë dhe miell.

e) Zgjidhni cilësimin e waffles CLASSIC dhe thirrni numrin 6 në çelësin e kontrollit të ngjyrosjes.

f) Ngrohni paraprakisht derisa drita portokalli të ndizet dhe fjalët HEATING të zhduken.

g) Duke përdorur filxhanin e dozimit të waffles, derdhni ½ filxhan brumë në çdo katror të vaflës. Mbyllni kapakun dhe gatuajeni derisa kohëmatësi të ketë mbaruar dhe bip gatimi të ketë tingëlluar 3 herë. Përsëriteni me brumin e mbetur.

h) Shërbejini vaflat e ngrohta të mbushura me salcë domate, proshuto dhe domate të freskëta qershi.

4. Kafshimet e vezëve të spinaqit

PËRBËRËSIT:
- Vezë - 4
- Djathë parmixhano, i grirë - 3/4 filxhan
- Krem i rëndë për rrahje - 1/4 filxhan
- Spinaqi, i copëtuar - 1/4 filxhan
- Proshuto, e copëtuar - 1/2 ons
- Piper i zi i bluar - 1/2 lugë çaji
- Kripë - 1/8 lugë çaji
- Ujë - 1 ½ filxhan

a) Merrni një tabaka për kafshimin e vezëve me shtatë gota dhe mbushni gotat në mënyrë të barabartë me proshuto dhe spinaq.
b) Thyeni vezët në një tas, shtoni përbërësit e mbetur përveç ujit dhe përzieni derisa të jetë e qetë.
c) Ndezni tenxheren e menjëhershme, derdhni ujë dhe vendosni në të mbajtësen e petullave.
d) Hidhni përzierjen e vezëve në mënyrë të barabartë mbi spinaqin dhe proshutën, 4 lugë gjelle për filxhan ose më shumë deri sa të mbushet 3/4 dhe më pas mbulojeni tiganin me letër alumini.
e) Vendoseni tiganin në mbajtësen e zhveshjes, mbylleni tenxheren e çastit me kapak në pozicionin e mbyllur, më pas shtypni butonin 'manual', shtypni '+/-' për të vendosur kohën e gatimit në 10 minuta dhe gatuajeni në presion të lartë; kur presioni rritet në tenxhere, do të fillojë kohëmatësi i gatimit. Kur tenxherja e menjëhershme gumëzhin, shtypni butonin 'mbaj ngrohtë', lirojeni natyrshëm presionin për 10 minuta, më pas bëni një çlirim të shpejtë të presionit dhe hapni kapakun.
f) Nxirreni tepsinë, zbulojeni dhe kthejeni tiganin në një pjatë për të hequr kafshimet e vezëve.
g) Shërbejeni menjëherë.

5. Sanduiç i hapur me proshutë dhe vezë

Bën: 4

PËRBËRËSIT:
- 8 feta domate rome
- 4 feta buke te trasha me kore
- 4 vezë
- 1/2 filxhan rukola
- 4 feta Proshuto di Parma
- Vaj ulliri ekstra i virgjër, sipas nevojës
- Piper i grirë dhe kripë deti, për shije

UDHËZIME:
a) Ngrohni furrën në 400°F.
b) Vendosni domatet në një tepsi të vogël dhe piqini derisa të zbuten, 10 minuta.
c) Uleni temperaturën e furrës në 350°F. Vendosni bukën në një tepsi tjetër; lyeni me 1 lugë vaj dhe spërkatni me kripë dhe piper sipas shijes. Vendoseni në furrë dhe skuqeni derisa të marrë ngjyrë të artë, rreth 5 minuta.
d) Ndërkohë, ngrohni 2 lugë vaj në një tigan të madh dhe skuqni vezët me anë të diellit lart, ose sipas dëshirës.
e) Për të mbledhur sanduiçin, vendosni një fetë bukë të thekur në secilën nga 4 pjatat. Sipër secilit me 1/4 e rukolës, 2 feta domate, një vezë të skuqur dhe një fetë proshuto. Përfundoni me piper të grirë dhe kripë deti sipas shijes.

6. Gota me vezë me proshutë të pjekur

Bën: 12

PËRBËRËSIT:
- 1 lugë gjelle vaj ulliri
- 12 feta proshuto
- 12 vezë të mëdha
- 2 gota spinaq bebe
- kripë dhe piper

UDHËZIME:
a) Ngroheni furrën në 400 gradë.
b) Lyeni me furçë vaj ulliri në secilën ndarje të tepsisë së kifleve. Vendosni një fetë proshuto brenda secilës ndarje, duke shtypur për t'u siguruar që anët dhe fundi të jenë të rreshtuara plotësisht (mund t'ju duhet ta grisni proshutën në disa pjesë për të marrë më lehtë formën e filxhanit).
c) Vendosni 2-3 gjethe spinaqi për fëmijë brenda çdo filxhani dhe sipër me një vezë. Spërkateni me kripë dhe piper sipas shijes.
d) Piqni për 12 minuta për një të verdhë veze që është paksa e bllokuar, ose deri në 15 minuta për një të verdhë veze më të fortë.

MEZHET DHE KAFSHIMET

7. Kafshimet e gocës dhe proshutës

Bën: 8

PËRBËRËSIT:
- ½ filxhan proshuto të prera hollë
- 3 lugë krem djathi
- 1 kile fiston
- 3 lugë vaj ulliri
- 3 thelpinj hudhre te grira
- 3 lugë djathë parmixhano
- Kripë dhe piper për shije – kujdes, pasi proshuta do të jetë e kripur

UDHËZIME:
a) Aplikoni një shtresë të vogël krem djathi në secilën fetë proshuto.
b) Më pas, mbështillni një fetë proshuto rreth secilit fiston dhe sigurojeni me një kruese dhëmbësh.
c) Në një tigan ngrohni vajin e ullirit.
d) Gatuani hudhrën për 2 minuta në një tigan.
e) Shtoni fiston të mbështjellë në letër dhe ziejini për 2 minuta nga secila anë.
f) Sipër lyeni djathin parmixhano.
g) Shtoni kripë dhe piper sipas dëshirës.
h) Shtrydheni lëngun e tepërt me një peshqir letre.

8. Topa mocarela të mbështjella me proshutë

Bën: 4

PËRBËRËSIT:
- 8 topa mocarela, madhësia e qershisë
- 4 ons proshutë, të prera në feta
- ¼ lugë çaji piper i zi i bluar
- ¾ lugë çaji rozmarinë e tharë
- 1 lugë çaji gjalpë (⅛ yndyrë të shëndetshme)

UDHËZIME:
a) Spërkateni proshutën e prerë në feta me piper të zi të bluar dhe rozmarinë të thatë.
b) Mbështilleni çdo top mocarela me proshutën e prerë në feta dhe sigurojeni me kruese dhëmbësh.
c) Shkrihet gjalpi.
d) Lyejmë me gjalpë topat e mbështjellë të mocarelës.
e) Rreshtoni tepsi me pergamenë dhe vendosni topa mocarela në të.
f) Piqeni vaktin për 10 minuta në 365F.

9. **Kumbulla të mbështjella**

Bën: 8

PËRBËRËSIT:
- 2 ons proshuto, të prera në 16 copa (2 të ligët)
- 4 kumbulla, të prera në katër pjesë (1 pa dhjamë)
- 1 lugë gjelle qiqra, të prera (1/4 jeshile)
- Një majë me thekon piper të kuq, të grimcuar (1/4 erëza)

UDHËZIME:
a) Mbështilleni çdo të katërtën e kumbullës në një fetë proshuto, rregulloni të gjitha në një pjatë, spërkatni qiqrat dhe petat e piperit dhe shërbejeni.

10. Rrotulla me makarona me salcë domate kremoze

Bën: 8 porcione

PËRBËRËSIT:
- 2 makarona; të freskëta 9 x 12
- 6 ons Prosciuttos; feta të holla
- 1 kile spinaq; gjethet vetëm, avull
- 4 ons djathë Ricotta
- 2 ons djathë mocarela
- 4 lugë djathë parmixhano Reggiano
- Kripë
- Piper
- Arrëmyshk
- Salcë domate kremoze
- 35 ons domate kumbulle; kulluar
- 3 lugë gjalpë të ëmbël
- 2 Qepë Med; i grirë imët
- 1 filxhan verë e bardhë e thatë
- 2 gota lëng pule
- 1 filxhan krem i rëndë

UDHËZIME:
a) Sillni një tenxhere të madhe me ujë të kripur të vlojë. Hidhni makaronat dhe ziejini për rreth 2 minuta.
b) Hiqni fletët nga uji dhe shpëlajini - trajtojini me kujdes - më pas vendosini në fletë mbështjellëse plastike. Fshijeni pjesën e sipërme të fletës me peshqir letre dhe mbuloni makaronat me proshutat në 1 shtresë.
c) Përhapeni përzierjen e spinaqit/djathit mbi proshutat dhe rrotullojeni me anën 6".
d) Përdorni mbështjellësin plastik për t'ju ndihmuar ta rrotulloni fort dhe më pas mbështilleni rrotullën me mbështjellës plastik dhe vendoseni në frigorifer derisa të jeni gati për t'u përdorur.
Salca:
e) Shkrini gjalpin në një tigan të madh dhe skuqni qepët derisa të fillojnë të skuqen.

f) Shtoni verën në tigan, lëreni përzierjen të ziejë dhe zvogëloni lëngun në rreth ¼ filxhan.
g) Shtoni lëngun e pulës dhe kthejeni përzierjen në valë.
h) Zvogëloni këtë përzierje derisa të ketë rreth ½ filxhan. Shtrydhni me gishta domatet e kulluara që të copëtohen dhe shtojini në lëngjet e reduktuara në tigan, lërini të ziejnë dhe zvogëloni në zjarr të ulët dhe ziejini për rreth 30 minuta, duke i parë me kujdes dhe duke i përzier shpesh.
i) Shtoni kremin e trashë, vazhdoni gatimin ngadalë për 10 minuta.
j) Shijoni, rregulloni erëzat me kripë dhe piper.

KUVENDI:
k) Hiqni rrotullat e makaronave nga mbështjellja dhe vendosini në tigan me salcën.
l) Kur të nxehet, prisni secilën skaj të rolesë për ta bërë atë të barabartë.
m) Më pas priteni rrotullën në 3 pjesë të barabarta.
n) Për ta servirur, vendosni një grup me salcë në fund të pjatës dhe vendosni 2 ose 3 copë role makaronash në secilën pjatë, me anën e rrotës lart.

o) Spërkateni me djathë të grirë nëse ju pëlqen dhe shijojeni.

11. Rrota të shijshme të proshutës

Bën: 24 racione

PËRBËRËSIT:
- 2 lugë çaji squfur të ngrirë
- ½ paund proshuto të prera hollë; të ndarë
- 3 ons djathë parmixhano i sapo grirë; të ndarë
- 1 kavanoz Mustardë e ëmbël e nxehtë - (4 oz); të ndarë
- 1 vezë; i rrahur me
- 2 lugë ujë

UDHËZIME:
a) Shkrini brumin e fryrë në temperaturën e dhomës për 20 deri në 30 minuta. Hidhni lehtë dërrasë miell dhe hapni një fletë pastë në rreth 12 me 15 inç. E lyejmë fletën e pastës me gjysmën e mustardës. Hidhni sipër gjysmën e proshutës, të renditur në shtresa të vetme. Spërkateni proshutën me gjysmën e djathit parmixhano. Shtypni djathin poshtë me gishta ose një shpatull. Rrokullisni petën në një spirale.

b) Lyejini skajet me pak uje dhe shtypini qe te mbyllen. Duke përdorur një thikë të dhëmbëzuar, priteni rrotullën në rrota me një inç. Vendosni rrotat në një fletë pjekjeje dhe ngjeshni ato me fundin e një gote ose me pjesën e pasme të një shpatulle.

c) Përsëriteni për fletën e dytë të brumit, më pas vendosini rrotat në frigorifer për 15 minuta. Lyejini rrotat me furçë me larjen e vezëve dhe piqini në furrë të parangrohur në 400 gradë për dhjetë minuta. Kthejeni dhe piqni pesë deri në dhjetë minuta të tjera ose derisa të marrin ngjyrë kafe të artë.

12. Arra, Fig dhe Prosciutto Crostini

Bën rreth: 12

PËRBËRËSIT:
- 1 copë bukë ciabatta, e prerë në feta ½ inç të trashë
- Vaj ulliri ekstra i virgjer
- 12 feta proshuto
- ¼ filxhan arra të thekura, të copëtuara
- Vaj ulliri ekstra i virgjer
- 6 fiq të pjekur, të grirë në gjysmë
- 1 tufë majdanoz i freskët
- 1 thelpi hudhër, të prerë në feta
- Piper i zi i sapo bluar
- 6 lugë gjelle uthull balsamike

UDHËZIME:
a) Ngrohni paraprakisht një tigan me skarë dhe grijini fetat tuaja ciabatta.
b) Fërkoni butësisht anën e prerë të hudhrës në ciabatta.
c) Spërkateni me vaj ulliri ekstra të virgjër.
d) Vendosni një copë proshuto dhe një gjysmë fiku sipër çdo krostini tuaj të nxehtë.
e) Hidhni sipër majdanozin dhe arra dhe spërkatni me vaj ulliri ekstra të virgjër.
f) Shtoni pak uthull balsamike dhe lyejeni me piper të zi të sapobluar përpara se ta shërbeni.

13.   Salami dhe Brie Crostini

Bën: 4 deri në 6 racione

PËRBËRËSIT:
- 1 bagutë franceze, e prerë në 4-6 copa të trasha
- 8-ons rrumbullakët djathë Brie, i prerë në feta hollë
- Paketë 4-ons Prosciutto
- ½ filxhan salcë boronicë
- ¼ filxhan vaj ulliri
- Nenexhik i freskët

GLAZEM BALSAMIK:
- 2 lugë sheqer kaf
- ¼ filxhan uthull balsamike

UDHËZIME:
GLAZEM BALSAMIK:
a) Në një tenxhere në zjarr të ulët, shtoni sheqer kaf dhe një filxhan uthull balsamike.
b) Ziejini derisa uthulla të jetë trashur.
c) Hiqeni glazurën nga zjarri dhe lëreni të ftohet. Ajo do të trashet ndërsa ftohet.

PËR TË MBLEDHUR:
d) Lyejeni pak me vaj ulliri baguetën dhe skuqeni në furrë për 8 minuta.
e) Përhapeni brisin mbi bukë.
f) Shtoni sipër një lugë çaji me salcë boronicë dhe proshuto.
g) Hidhni sipër një glazurë balsamike të ndjekur nga gjethet e nenexhikut.
h) Shërbejeni menjëherë.

14. Proscuitto dhe Mozarella Bruschetta

Bën: 3 porcione

PËRBËRËSIT:
- ½ filxhan domate të grira hollë
- 3 oz mocarela e copëtuar
- 3 feta proshuto, të prera
- 1 lugë gjelle vaj ulliri
- 1 lugë borzilok të thatë
- 6 feta të vogla bukë franceze

UDHËZIME:
a) Ngrohni paraprakisht tiganin me ajër në 350 gradë F. Vendosni fetat e bukës dhe tostojeni për 3 minuta. Mbushni bukën me domate, proshuto dhe mocarela. Spërkateni borzilokun mbi mocarelën. Spërkateni me vaj ulliri.

b) Kthejeni në tigan me ajër dhe gatuajeni edhe 1 minutë, aq sa të bëhet i shkrirë dhe i ngrohtë.

15. Kafshimet e karkalecave nenexhik

Bën: 16

PËRBËRËSIT:
- 2 luge vaj ulliri
- 10 ons karkaleca, të gatuara
- 1 lugë mente, e prerë
- 2 lugë gjelle eritritol
- ⅓ filxhan manaferra, të bluara
- 2 lugë çaji pluhur kerri
- 11 feta proshuto
- ⅓ filxhan lëng perimesh

UDHËZIME:
a) Hidhni vaj mbi çdo karkalec pasi ta mbështillni me feta proshuto.
b) Në tenxheren tuaj të menjëhershme, kombinoni manaferrat, kerri, nenexhikun, lëngun dhe eritritolin, përzieni dhe gatuajeni për 2 minuta në zjarr të ulët.
c) Shtoni shportën e avullit dhe karkalecat e mbështjellë në tenxhere, mbulojeni dhe ziejini për 2 minuta në temperaturë të lartë.
d) Vendosni karkalecat e mbështjella në një pjatë dhe spërkatini me salcë menteje përpara se t'i shërbeni.

16. Dardhë, rrepkë mikrogjelbëruese dhe kafshim proshute

Bën: 18 Kafshata

PËRBËRËSIT:
- 8 ons djathë të butë dhie
- 6 ons proshuto, të prerë në shirita
- Paketa prej 2 ons me mikrogjelbërime rrepkë
- ¼ filxhan lëng limoni të saposhtrydhur
- 2 dardha, të prera në feta

UDHËZIME:
a) Hidhni lëng limoni mbi çdo fetë dardhe.
b) Në gjysmën e fetës së dardhës shpërndani ¼ lugë çaji djathë të butë dhie, më pas alternoni përbërësit me gjysmën tjetër.
c) Përhapeni një tjetër ¼ lugë çaji djathë dhie të butë sipër fetës së sipërme të dardhës, pasuar nga një rrip i palosur me proshuto dhe pak djathë të butë dhie, më pas mikrogjelbërimet e rrepkës.
d) Mblidhni fetat e mbetura të dardhës dhe shërbejini me më shumë mikrogjelbërime rrepkë sipër.

17. Kupa e proshutës së kifleve

PËRBËRËSIT:
- 1 fetë proshuto (rreth 1/2 ons)
- 1 e verdhë veze mesatare
- 3 lugë Brie të prera në kubikë
- 2 lugë djathë mocarela të prerë në kubikë
- 3 lugë djathë parmixhano të grirë

UDHËZIME:

a) Ngrohni furrën në 350°F. Nxirrni një tepsi për kifle me puse rreth 2 1/2"e gjere dhe 1 1/2"thellë.

b) Palosni fetën e proshutës në gjysmë në mënyrë që të bëhet pothuajse katrore. E vendosim në tepsi për kifle që të vijë plotësisht.

c) Vendosni të verdhën e vezës në filxhanin e proshutës.

d) Mbi të verdhën e vezës shtoni djathrat butësisht pa e thyer.

e) Piqni rreth 12 minuta derisa e verdha të jetë gatuar dhe e ngrohtë, por ende e lëngshme.

f) Lëreni të ftohet 10 minuta përpara se t'i hiqni nga forma e kifleve.

18. Topa me proshuto me avokado

PËRBËRËSIT:
- 1/2 filxhan arra makadamia
- 1/2 avokado e madhe, e qëruar dhe e hequr (rreth 4 ons tul)
- 1 ons proshuto të gatuar, të thërrmuar
- 1/4 lugë çaji piper i zi

UDHËZIME:
a) Në një përpunues të vogël ushqimi, pulsoni arrat makadamia derisa të shkërmoqen në mënyrë të barabartë. Ndani në gjysmë.
b) Në një tas të vogël, kombinoni avokadon, gjysmën e arrave makadamia, proshutën dhe piperin dhe përzieni mirë me një pirun.
c) Formoni përzierjen në 6 topa.
d) Vendosni arrat e mbetura makadamia të thërrmuara në një pjatë të mesme dhe rrotulloni topa individuale për t'u veshur në mënyrë të barabartë.
e) Shërbejeni menjëherë.

19. **Patate të skuqura proshuto**

PËRBËRËSIT
- 12 (1 ons) feta proshuto
- Vaj

UDHËZIME:
a) Ngrohni furrën në 350°F.

b) Rreshtoni një fletë pjekjeje me letër furre dhe vendosni fetat e proshutës në një shtresë të vetme. Piqni për 12 minuta ose derisa proshuta të jetë krokante.

c) Lëreni të ftohet plotësisht përpara se të hani.

20. Sanduiç me mbështjellës marule me pak karbohidrate

Bën: 1 PERSON

PËRBËRËSIT:
- 8 marule ajsberg
- 1 lugë majonezë e bërë në shtëpi
- 1 lugë çaji mustardë e verdhë
- 3 feta proshuto
- 2 feta proshutë organike
- 3 feta gjoks pule organike
- 5 feta kastravec
- 8 domate qershi të prera në gjysmë
- 1 copë letër pergamene

UDHËZIME:

a) Në një dërrasë prerëse vendosni letrën pergamene. Shtroni 5 deri në 8 gjethe marule në mes të letrës pergamene dhe anët e gjetheve të marules duhet të jenë njëra mbi tjetrën duke mos lënë hapësirë midis maruleve. Shtroni sipër duke lyer fillimisht mustardën dhe majonezën.

b) pamje e sipërme e mbështjelljes së maruleve në një dërrasë druri

c) Më pas, shtoni proshutën dhe fetat e mishit të ushqimeve (proshutë dhe gjoksin e pulës), fetat e kastravecit dhe domatet qershi.

d) pamje e sipërme e mbështjelljes së marules me mish ushqimesh në një dërrasë druri

e) Rrotulloni mbështjelljet e maruleve duke përdorur pergamenën si bazë. Rrotulloni mbështjellësin e marules sa më të ngushtë të jetë e mundur.

f) pamje e sipërme e mbështjelljes së maruleve me mish ushqimesh, kastravec dhe domate qershie në një dërrasë druri

g) Në gjysmë të rrugës së rrotullimit, palosni skajet e mbështjellësve drejt qendrës dhe vazhdoni të rrotulloheni si burrito. Kur të jetë mbështjellë plotësisht, rrotulloni pjesën e mbetur të pergamenës rreth marules.

h) pamje e sipërme e mbështjelljes së marules me mish ushqimesh në një dërrasë druri që mbështillet

i) Duke përdorur një thikë, prisni mbështjellësin e marules dhe shijoni!

j) nga afër i një sanduiçi me mbështjellës marule

21. Kafshon kungull i njomë i mbështjellë me proshutë

BËN: 18 deri në 20 ROLE

PËRBËRËSIT:

- 4 kungull i njomë të vegjël ose 2 të mesëm, të prera për së gjati në shirita shumë të hollë
- 1 lugë gjelle vaj ulliri ekstra të virgjër
- Kripë Kosher dhe piper i sapo bluar
- 6 okë djathë dhie
- 1 lugë gjelle trumzë e freskët, plus më shumë për servirje
- 2 lugë çaji mjaltë, plus më shumë për servirje
- Lëkura e ½ limoni
- ¼ filxhan domate të thara në diell të paketuara në vaj, të kulluara dhe të grira
- ¼ filxhan gjethe borziloku të freskët, të copëtuara
- 10 feta të holla proshuto, të prera në gjysmë për së gjati

UDHËZIME:

a) Ngrohni furrën në 425°F. Rreshtoni një fletë pjekjeje të rrethuar me letër furre.

b) Në një tas të madh, hidhni shiritat e kungujve me vaj ulliri dhe një majë kripë e piper.

c) Në një tas të vogël, përzieni së bashku djathin e dhisë, trumzën, mjaltin, lëkurën e limonit, domatet e thara në diell, borzilokun dhe nga një majë kripë dhe piper.

d) Duke punuar me një nga një, vendosni një fjongo kungull i njomë në një sipërfaqe të pastër pune. Hidhni 1 lugë gjelle nga përzierja e djathit në njërin skaj dhe rrotulloni shiritin. Mbështilleni një copë proshuto rreth kungujve për t'u siguruar. Vendosini rrotullat nga ana e qepjes poshtë në fletën e përgatitur të pjekjes. Përsëriteni me shiritat e mbetur të kungujve.

e) Piqni derisa proshuta të jetë e freskët, 20 deri në 25 minuta. Rrotullat do të rrjedhin pak; kjo është në rregull. Lërini të vendosen në tepsi për 6 minuta përpara se t'i shërbeni të spërkatura me trumzë të freskët dhe të spërkatur me mjaltë.

22. Tas sushi me proshutë dhe pjeshkë

PËRBËRËSIT:

- 2 gota të përgatitura (400 g) oriz tradicional Sushi ose oriz i shpejtë dhe i lehtë Sushi me mikrovalë
- 1 pjeshkë e madhe, e prerë me fara dhe e prerë në 12 copa
- ½ filxhan (125 ml) Salcë orizi sushi
- ½ lugë çaji salcë djegës me hudhër
- Spërkatje me vaj susami të errët
- 4 oz. (125 g) proshuto, e prerë në shirita të hollë
- 1 tufë lakërishtë, kërcelli i trashë i hequr

UDHËZIME:

a) Përgatitni salcën e orizit sushi dhe salcë shtesë të orizit sushi.

b) Vendosni copat e pjeshkës në një tas mesatar. Shtoni salcën e orizit Sushi, salcën djegës të hudhrës dhe vajin e errët të susamit. Lërini pjeshkët të hidhen mirë në marinadë, përpara se t'i mbuloni. Lërini pjeshkët të vendosen në temperaturën e dhomës në marinadë për të paktën 30 minuta dhe deri në 1 orë.

c) Mblidhni 4 tasa të vegjël për servirje. Lagni majat e gishtave përpara se të vendosni ½ filxhan (100 g) me oriz Sushi të përgatitur në çdo tas. Rrafshoni butësisht sipërfaqen e orizit. Ndani mbushjet në mënyrë të barabartë në një model tërheqës mbi pjesën e sipërme të çdo tasi, duke lejuar 3 feta pjeshke për racion. (Mund të kulloni pjesën më të madhe të lëngut nga pjeshkët përpara se t'i hidhni kupat, por mos i thani ato.)

d) Shërbejeni me një pirun dhe salcë soje për zhytje, nëse dëshironi.

23. Asparagus i mbështjellë me proshutë Parma

Bën: 2

PËRBËRËSIT:
- 8 shtiza asparagus
- 8 feta proshutë Parma
- 2 luge vaj ulliri
- 2 lugë parmixhan, të grirë në rende

UDHËZIME:
a) Ngrohni furrën me dru në temperaturë mesatare-të lartë.

b) Zbardhni shtizat e asparagut në një tenxhere duke i vendosur në ujë të vluar lehtë për dy minuta, më pas i hiqni dhe i vendosni në ujë të ftohtë ose nën ujë të rrjedhshëm të ftohtë.

c) Vendoseni Grizzler-in tuaj brenda furrës tuaj me dru për t'u ngrohur pasi të keni shtuar vajin e ullirit.

d) Mbështilleni buzën e proshutës së Parmës rreth shtizës së shpargut, duke e rrotulluar për ta mbështjellë plotësisht shtizën në proshutë.

e) Nxirreni Grizzlerin nga furra dhe vendosni shpargujt e mbështjellë.

f) Spërkateni parmixhanin mbi shpargujt dhe kthejeni Grizzlerin në furrë.

g) Piqeni në skarë për dy minuta nga çdo anë ose derisa të shfaqen shenjat e grilave në të dyja anët.

24. Pjatë antipastë me proshuto dhe pjepër

Bën: 12 porcione

PËRBËRËSIT:
- 8 ons proshuta të prera hollë
- Gjethet e marules
- 2 gota topa ose kube pjepri
- 1 filxhan kube ananasi të freskët
- ¼ filxhan Bajame të grira, të thekura
- 2 lugë vaj ulliri
- 2 lugë uthull balsamike e bardhë
- 2 lugë djathë blu i grimcuar

a) Rrotulloni çdo fetë proshuto dhe rregulloni në një pjatë të madhe servirje të veshur me marule.
b) Vendosni fruta dhe arra rreth proshutës.
c) Kombinoni vaj ulliri dhe uthull balsamike dhe spërkatni përzierjen mbi të gjitha.
d) Spërkateni me djathë blu.

25. Lanskë të pjekur në skarë dhe fiq të mbështjellë me proshuto

Bën: 4 racione

PËRBËRËSIT:
4 ons Prosciutto di Parma të prera hollë
½ filxhan vaj ulliri ekstra i virgjër
3 lugë gjelle uthull balsamike
½ lugë çaji kripë
¼ lugë çaji Piper
10 fiq të pjekur por të fortë Black Mission të prerë, të përgjysmuar për së gjati
4 ons kërpudha Chanterelle të fshira të pastra
8 gota gjethe rukole të paketuara lirshëm
¼ filxhan lule të përziera të ngrënshme (të zgjedhur)

1. Duke përdorur një thikë të vogël të mprehtë, prisni njëzet shirita 3 me 1 inç nga proshuta. Pritini proshutën e mbetur në shirita 1 për inç.
2. Në një tas të vogël përzieni vajin e ullirit, uthullën balsamike, kripën dhe piperin. Rezervoni filxhanin e salcës dhe lëreni mënjanë. Hidheni vinegrette-in e mbetur në një tas mesatar jo reaktiv. Shtoni gjysmat e fikut dhe kërpudhat dhe hidhini butësisht. Lëreni të marinohet për 30 minuta.
3. Ndizni një skarë ose ngrohni paraprakisht broilerin. Hiqni gjysmat e fikut nga marinada një nga një dhe mbështillini individualisht me shiritat e mëdhenj të proshutos. Duke alternuar me kërpudhat, kaloni 5 nga gjysmat e fikut të mbështjellë në secilën prej katër helleve prej druri 10 inç të gjatë.

Piqeni në skarë ose ziejini për rreth 1 minutë nga secila anë derisa të skuqen lehtë.
Transferoni në një pjatë.

4. Në një tas të madh sallate, hidhni rukolën me salcën e rezervuar. Ndani në 4 pjata të mëdha sallate. Në çdo sallatë rregulloni fiqtë dhe kërpudhat e mbështjellë me proshutë nga 1 hell. Dekoroni me lule të ngrënshme dhe copat e vogla të mbetura të proshutës. Shërbejeni menjëherë.

SANDWICH DHE BURGER

26. Brumë i thartë, Provolone, Pesto

Bën: 16

PËRBËRËSIT:
- 1/2 filxhan vaj ulliri ekstra të virgjër
- 8 feta bukë brumë thartë
- 1/4 filxhan pesto
- 16 feta të holla djathë Provolone
- 12 feta të holla proshuto
- 4 speca të kuq të plotë, të pjekur, të pjekura

UDHËZIME:
a) Ngrohni grilën tuaj Panini sipas udhëzimeve të prodhuesit.

b) Përhapeni peston mbi secilën gjysmë të bukës përpara se të vendosni ½ djathë, proshuto, rripa piper dhe djathin e mbetur mbi gjysmën e poshtme dhe mbylleni për të bërë një sanduiç.

c) Hidhni sipër pak gjalpë dhe gatuajeni këtë Panini në skarë të parangrohur për rreth 4 minuta ose derisa pjesa e jashtme të marrë ngjyrë kafe të artë.

27. Sanduiç me pulë në Seattle

Bën: 6

PËRBËRËSIT:
- 6 feta buke italiane
- 1/3 filxhan pesto borziloku
- 3 oz. proshuto me feta, sipas dëshirës
- 1 (14 oz.) kanaçe zemrat e artiçokut, të kulluara dhe të prera në feta
- 1 (7 oz.) kavanoza speca të kuq të pjekur, të kulluar dhe të prerë në rripa
- 12 oz. pulë e gatuar, e prerë në rripa
- 4-6 oz. djathë provolone i grirë

UDHËZIME:
a) Para se të bëni ndonjë gjë, ngrohni furrën në 450 F.
b) Lyejeni njërën anë të çdo fete buke me pesto.
c) Mbi fetat e bukës rregulloni fetat e proshutës, të ndjekura nga feta angjinarja, shirita piper të kuq dhe shirita pule.
d) Shtroni 6 copa petë mbi një dërrasë prerëse. Vendoseni çdo sanduiç butësisht në një copë fletë metalike dhe më pas mbështilleni rreth tij.
e) I vendosim në një tepsi dhe më pas i pjekim në furrë për 9 minuta.
f) Hidhni copat e letrës dhe vendosni sanduiçët e hapur përsëri në tabaka.
g) Sipër tyre spërkatni djathin e grirë. Piqini sanduiçët në furrë për 4 minuta shtesë.
h) Shërbejini sanduiçët tuaj të nxehtë me mbushjet tuaja të preferuara.
i) Kënaquni.

28. Proshuto dhe Taleggio me Fiq në Mesclun

Bën: 4

PËRBËRËSIT:
- 8 feta shumë të holla bukë me brumë kosi ose baguette
- 3 lugë vaj ulliri ekstra të virgjër, të ndara
- 3-4 oce proshuto, e prerë në 8 feta
- 8 ons djathë të pjekur Taleggio, i prerë në tetë copa ¼ inç të trasha
- 4 grushte të mëdha përzierje pranverore sallate (mesclun)
- 2 lugë qepë të freskët të grirë
- 2 lugë gjelle të freskët të grirë
- 1 lugë gjelle lëng limoni të freskët Kripë
- Piper i zi
- 6 fiq të zinj të pjekur, të prerë në katër pjesë
- 1-2 lugë çaji uthull balsamike

UDHËZIME:
a) Lyejeni bukën lehtë me një sasi të vogël vaj ulliri dhe vendoseni në një tepsi. 2 Ngrohni furrën në 400°F. Vendoseni bukën në raftin më të lartë dhe piqni rreth 5 minuta, ose derisa sapo të kenë filluar të bëhen të freskëta. Hiqeni dhe lëreni të ftohet, rreth 10 minuta.

b) Kur të ftohet, mbështillni fetat e proshutës rreth fetave Taleggio dhe vendosni secilën sipër një copë bukë. Lëreni mënjanë një moment ndërsa përgatitni sallatën.

c) Përziejini zarzavatet me rreth 1 lugë gjelle vaj ulliri, qiqrat dhe kërpudhat, më pas hidhini me lëng limoni, kripë dhe piper sipas shijes. Rregulloni në 4 pjata dhe zbukurojeni me çerek fiku.

d) Lyejeni majat e parcelave të mbështjella me proshuta me vajin e mbetur të ullirit, më pas vendosini në një tigan të madh kundër furrës dhe piqini për 5 deri në 7 minuta, ose derisa djathi të fillojë të rrjedhë dhe proshuta të skuqet rreth skajeve.

e) Hiqni shpejt parcelat dhe vendosini në secilën sallatë, më pas tundni uthullën balsamike në tiganin e nxehtë. Rrotulloni në mënyrë që të ngrohet, më pas hidheni mbi sallata dhe bukë të thekur. Shërbejeni menjëherë.

29. Djathë i pjekur në skarë me proshutë borziloku me luleshtrydhe

PËRBËRËSIT:
- 12 oz. Mocarela e freskët, e prerë në feta
- 8 feta bukë të bardhë, të prera trashë
- 2 lugë gjalpë të zbutur
- 8 luleshtrydhe të freskëta (të mesme në të mëdha), të prera në feta të holla
- 12 gjethe borziloku të freskët, të plota
- 8 feta proshuto, të prera hollë
- 2 oz. lustër balsamike

UDHËZIME:
a) Shtroni feta buke dhe gjalpë në njërën anë të secilës.
b) Nga ana e pa lyer me gjalpë, shtroni mocarelën e freskët, luleshtrydhet, gjethet e borzilokut dhe proshutën. Spërkateni me glazurë balsamike; vendoseni bukën e mbetur sipër dhe transferojeni në një tigan të parangrohur që nuk ngjit.
c) Gatuani për rreth një minutë, duke shtypur me një shpatull. Kthejeni dhe përsërisni deri në kafe të artë.
d) Hiqini, spërkatni me glazurë balsamike shtesë përsipër nëse dëshironi, prisni dhe shërbejeni.

30. Mocarela, Proshuto dhe Reçeli i Fikut

Bën: 4

PËRBËRËSIT:
- 4 role të buta franceze ose italiane (ose gjysmë të pjekura nëse ka)
- 10-12 ons mocarela e freskët, e prerë në feta trashë
- 8 ons proshuto, të prera hollë
- ¼-½ filxhan reçel fiku ose konserva fiku, për shije
- Gjalpë i butë për lyerje në bukë

UDHËZIME:
a)   Ndani secilën role dhe lyeni me mocarelën dhe proshutën. I lyejmë fetat e sipërme me reçelin e fikut, më pas mbyllim.

b)   Lyejeni pak me gjalpë pjesën e jashtme të secilit sanduiç.

c)   Nxehni një tigan të rëndë jo ngjitës ose shtypje panini mbi nxehtësinë mesatare-të lartë. Vendosni sanduiçët në tigan, duke i punuar në dy tufa në varësi të madhësisë së tavës.

d)   Shtypnisanduiçeose mbylleni skarën dhe skuqeni duke e kthyer një ose dy herë derisa buka të jetë e freskët dhe djathi të shkrihet. Edhe pse roletë fillojnë si të rrumbullakëta, pasi të shtypen ato janë dukshëm më të sheshta dhe mund të kthehen lehtësisht, megjithëse me kujdes.

31. BocadillongaIshulli Ibiza

Bën: 4

PËRBËRËSIT:
- 4 rrotulla të mëdha të buta të stilit francez ose italian
- 6-8 thelpinj hudhër, të përgjysmuar
- 4-6 lugë vaj ulliri ekstra të virgjër
- 1 lugë gjelle pastë domate
- 2-3 domate të mëdha të pjekura, të prera hollë
- Spërkatje bujare e rigonit të tharë
- 8 feta të holla jamon spanjoll ose proshutë e ngjashme si proshuto
- Rreth 10 ons djathë i butë dhe i shkrirë, por me shije, të tilla si Manchego, Idiazábal, Mahon, ose një djathë Kaliforni si semi secco i Ig Vella ose Jack
- Ullinj të përzier mesdhetar

UDHËZIME:
a) Ngrohni paraprakisht broilerin.
b) Pritini rrotullat dhe skuqeni lehtë në secilën anë nën broilerin.
c) Fërkojeni hudhrën në anën e prerë të secilës pjesë të bukës.
d) Lyejeni bukën e lyer me hudhër me vaj ulliri dhe lyeni pjesën e jashtme me pak më shumë vaj. Përhapeni lehtë me pastën e domates, më pas shtrojini domatet e prera në feta dhe lëngjet e tyre në role, duke shtypur pastën e domates dhe domatet në mënyrë që lëngjet të përthithen në bukë.
e) Spërkateni me rigon të grimcuar, më pas shtrojini me proshutën dhe djathin. Mbyllni dhe shtypni mirë së bashku, më pas lyejeni lehtë me vaj ulliri.
f) Nxehni një tigan të rëndë jongjitës ose shtypje panini mbi nxehtësinë mesatare-të lartë, më pas shtoni sanduiçët. Nëse përdorni një tigan, peshonisanduiçe poshtë.
g) Ulni zjarrin në mesatare-të ulët dhe gatuajeni derisa të skuqet lehtë nga jashtë dhe djathi të fillojë të shkrihet. Rrotullohet dhe skuqet nga ana e dytë.
h) Pritini në gjysmë dhe shërbejeni menjëherë, me një grusht ullinj të përzier.

32. Domate dhe djathë Mahon mbi bukë ulliri

BËN 4

PËRBËRËSIT:
- 10-12 gjethe të freskëta, të vogla të sherebelës
- 3 lugë gjalpë pa kripë
- 1 lugë gjelle vaj ulliri ekstra të virgjër
- 8 feta bukë fshati
- 4 ons proshuto, të prera hollë
- 10-12 ons djathë mali me shije të plotë si fontina, Beaufort i vjetër ose Emmentaler
- 2 thelpinj hudhër, të prera

UDHËZIME:
a) Në një tigan të rëndë që nuk ngjit, përzieni gjethet e sherebelës, gjalpin dhe vajin e ullirit së bashku mbi nxehtësinë mesatare-të ulët derisa gjalpi të shkrihet dhe të shkumëzohet.
b) Ndërkohë shtrojmë 4 feta buke, sipër i hedhim proshutën, më pas fontinën dhe më pas një spërkatje me hudhër. Vendoseni bukën e mbetur sipër dhe shtypni fort.
c) Vendosni butësisht sanduiçët në përzierjen e nxehtë të gjalpit të sherebelës; mund t'ju duhet t'i bëni ato në disa grupe ose të përdorni 2 tigane. Pesha menjë tigan të rëndë sipërpër të shtypur sanduiçët poshtë. Gatuani derisa të skuqet lehtë nga jashtë dhe djathi të fillojë të shkrihet. Rrotullohet dhe skuqet nga ana e dytë.
d) Shërbejini sanduiçe të nxehtë dhe të freskët, të prerë në gjysma diagonale. Ose hidhni gjethet e sherebelës ose grijini ato, të freskëta dhe të skuqura.

33. **Kubanezët**

Bën: 4

PËRBËRËSIT:
- 4 rrotulla heroike (6 inç).
- ¼ filxhan (½ shkop) gjalpë pa kripë, në temperaturën e dhomës
- 4 lugë çaji mustardë Dijon
- ¼ filxhan majonezë (të blerë në dyqan ose shtëpi)
- ½ kile djathë zviceran i prerë hollë
- 1 filxhan turshi të kulluar ose turshi të koprës të prera hollë
- ½ kile e prerë hollë e mbetur nga shpatullat e derrit të pjekur (rreth 6 feta)
- ½ kile cotto proshuto të prera hollë

a) Lyejeni bukën me gjalpë. Pritini rolet në gjysmë horizontalisht. Lyejeni pjesën e jashtme të secilës gjysmë me gjalpë. Vendoseni në një tepsi, me anën e prerë lart.
b) Ndërtoni sanduiçin. Përhapeni çdo fund roleje me 1 lugë çaji mustardë dhe secilën rrotull me 1 lugë majonezë. Pritini fetat e djathit në gjysmë dhe ndajini në fundet e roleve. Hidhni sipër një shtresë turshi, mish derri të pjekur dhe proshutë. Mbulojeni me majat e roleve.
c) Grijini sanduiçet. Ngrohni një tigan të madh prej gize mbi mesatare-të ulët derisa të nxehet. Duke punuar në tufa, nëse është e nevojshme, transferoni me kujdes sanduiçët në tigan. Mbulojeni me letër alumini dhe vendosni sipër një tenxhere të madhe të rëndë.
d) Gatuani, duke shtypur herë pas here poshtë tenxheren, për 4 deri në 5 minuta, derisa fundi të marrë ngjyrë kafe të artë dhe të bëhet krokante.
e) Ktheni sanduiçët dhe zëvendësoni letrën e aluminit dhe tenxheren e rëndë.
f) Gatuani për 4 deri në 5 minuta, derisa ana e dytë të marrë ngjyrë kafe të artë dhe djathi të shkrihet plotësisht. Transferoni në një dërrasë prerëse dhe prisni sanduiçët në gjysmë në një kënd.
g) Transferoni në pjatat e servirjes dhe shërbejeni.

34. Sanduiçe me fiku dhe proshutë

Bën: 2 racione

PËRBËRËSIT:
1 Focaccia e rozmarinës
3 fiq; prerë në rrumbullakët e hollë
1 fetë Proshuto
1 grusht rukolë të larë
Vaj ulliri
Piper i zi i freskët i bluar; për shije

Pritini hollë 4 copa fokacie vertikalisht. Vendosni një shtresë fiku mbi një copë fokacie. Shtoni një fetë proshuto dhe një grusht rukolë.

Spërkateni rukolën me vaj ulliri. Sezoni me piper për shije. Shtypni fort mbi sanduiç që të rrafshohet. Pritini në gjysmë.

RREJTAT

35. **Fruta kivi dhe karkaleca**

Bën: 4 porcione

PËRBËRËSIT:
- 3 fruta kivi
- 3 lugë vaj ulliri
- 1 kile Karkaleca, të qëruara
- 3 luge miell
- ¾ filxhan Proshuto, të prerë në shirita të hollë
- 3 Shallote, të grira imët
- ⅓ lugë çaji pluhur djegës
- ¾ filxhan verë e bardhë e thatë

UDHËZIME:
a) Qëroni kivi. Rezervoni 4 feta për zbukurim dhe copëtoni frutat e mbetura. Në një tigan të rëndë ose wok, ngrohni vajin. Hidhni karkalecat në miell dhe skuqini për 30 sekonda.

b) Shtoni proshutën, qepujt dhe pluhurin djegës. Skuqeni edhe 30 sekonda. Shtoni kivin e grirë dhe skuqeni për 30 sekonda. Shtoni verën dhe zvogëloni përgjysmë.

c) Shërbejeni menjëherë.

36. Cutleta Proshuto & Pesto

Bën: 2

PËRBËRËSIT:
- 4 feta proshuto
- 4 kotele qengji
- 2 lugë pesto borziloku

UDHËZIME:
a) Përgatitni fërgesën me ajër duke e ngrohur paraprakisht në 180ºC, për 3 minuta.
b) Shtroni kotatet në fërgesë me ajër dhe gatuajeni në 200ºC, për 5 minuta.
c) Përhapeni 4 shirita proshuto në një sipërfaqe dhe vendosni secilën kotëletë mbi një rrip proshuto.
d) Përhapeni me Pesto borziloku dhe mbështillni proshutën rreth koteletës.
e) Kthehuni në shportën e fryerjes me ajër për 7 minuta.

37. Pulë me glazurë balsamike

Përbërja: 4 porcione
PËRBËRËSIT:
- 1 (3 1/2 deri në 4 paund) pulë
- 2 thelpinj hudhre, te grira holle
- 4 lugë gjelle gjethe rozmarine të prera në kubikë
- 2 lugë piper i zi i sapo bluar
- 1 lugë çaji kripë deti
- 3 lugë vaj ulliri të virgjër
- 2 ons lëvore proshuto
- 2 ons lëkurë parmixhani
- 2 qepë të kuqe të moderuara, të segmentuara në
- Disqe 1 inç
- 1 Lombroso qelqi
- 4 lugë gjelle uthull balsamike
- 6 Radicchio di Treviso të mëdha
- 2 lugë vaj ulliri ekstra i virgjër

UDHËZIME:

a) Ngroheni skarën në 375 gradë.

b) Shpëlajeni dhe thajeni pulën. Nxirrni gjilpërat dhe lërini mënjanë.

c) Prisni hudhrën, rozmarinën, piperin dhe kripën e detit së bashku dhe përzieni me vaj ulliri të virgjër. Fërkoni pjesën e jashtme të pulës me përzierjen e rozmarinës. Vendosni lëkurën e proshutës dhe parmixhanit brenda zgavrës dhe lëreni të qëndrojnë në frigorifer gjatë gjithë natës.

d) Vendosni disqet e qepëve dhe gjilpërat në fund të një tigani të vogël pjekjeje me fund të rëndë. Vendoseni pulën sipër qepëve, me anën e gjoksit lart. Hidhni një gotë Lombroso mbi qepët dhe lyeni pulën në të gjithë me 4 lugë uthull balsamike.

e) Vendoseni në skarë dhe gatuajeni për 1 orë e 10 minuta.

f) Pritini Radicchio-n në gjysmë për së gjati dhe vendoseni në skarë dhe gatuajeni për 3 deri në 4 minuta nga çdo anë. Hiqeni nga grili dhe lyeni me vaj ulliri ekstra të virgjër dhe lëreni mënjanë. Nxirreni zogun nga skara dhe lëreni të pushojë për 5 minuta. Zhvendoseni pulën në një pjatë gdhendjeje. Vendosni qepët dhe gjilpërat në një enë, me lëngjet. Gdhendni pulën, spërkatni me uthullën e mbetur dhe shërbejeni menjëherë.

38. Pulë borziloku

Bën: 4

PËRBËRËSIT:
- 4 gjysma gjoksi pule pa lëkurë dhe pa kocka
- 1/2 filxhan pesto borziloku të përgatitur, e ndarë
- 4 feta të holla proshuto, ose më shumë nëse është e nevojshme

UDHËZIME:
a) Lyejeni një enë pjekjeje me vaj dhe më pas vendosni furrën tuaj në 400 gradë përpara se të bëni ndonjë gjë tjetër.
b) Mbi çdo pjesë të pulës me 2 lugë pesto dhe më pas mbulojeni secilën me një copë proshuto.
c) Pastaj vendosni gjithçka në enë.
d) Gatuani gjithçka në furrë për 30 minuta derisa pula të jetë gati plotësisht.
e) Kënaquni.

39. Thamë mbi perime dhe shirita proshutë

PËRBËRËSIT:
- 4 T. vaj vegjetal
- 1 t. xhenxhefil i freskët i grirë
- 3 thëllëzë, të ndarë
- Kripë dhe piper
- 3-4 T. lëng pule
- 1 kungull i njomë mesatar, i prerë në rripa të hollë
- 1 karotë e grirë dhe e prerë në rripa të hollë
- 4 qepë të plota, të prera në rripa të hollë
- 2 bishta të mëdha brokoli, të qëruara dhe të prera në rripa të hollë
- 2 oz. proshutë fshati ose proshuta, të prera në shirita të hollë

UDHËZIME:
a) Në një tigan të madh ose wok ngrohni 2 lugë gjelle vaj me xhenxhefil.
b) Thëllëzat skuqen nga të gjitha anët. I kriposim dhe i piperojmë. Shtoni pak lëng mishi, mbulojeni dhe ziejini ngadalë për 15 minuta.
c) I heqim thëllëzat me lëngjet e tyre dhe i mbajmë të ngrohta. Bën: 2-3.

40. Pule & Proshuto me Lakra Brukseli

PËRBËRËSIT:

- 2 paund. fileto pule
- 4 oz. proshuto
- 12 oz. Lakrat e Brukselit
- 1/2 filxhan lëng pule
- 1 1/2 filxhan krem të rëndë
- 1 lugë hudhër të grirë
- 1 limon i prerë në katër pjesë dhe me fara
- Ghee ose vaj kokosi për tiganisje

UDHËZIME:

a) Ngrohni furrën në 400 gradë F.

b) Pritini në gjysmë lakrat e Brukselit dhe ziejini për 5 minuta. Hiqeni nga zjarri dhe lëreni mënjanë.

c) Në një tigan shtoni 1/2 filxhan lëng pule dhe lëreni të ziejë në mesatare. Pas kësaj, shtoni kremin e trashë, hudhrën e grirë dhe limonin dhe lërini të ziejnë për 5-10 minuta duke i përzier shpesh. Hiqeni nga zjarri dhe lëreni mënjanë.

d) Në një tigan të veçantë, ngrohni pak ghee dhe shtoni pulën. Gatuani në nxehtësi mesatare-të lartë për disa minuta dhe më pas shtoni proshutën e copëtuar derisa pula të gatuhet.

e) Në një tavë të vogël (9×9) dhe shtrojini nga poshtë lart: lakra brukseli, mish pule, proshuto, salcë krem limoni sipër.

f) Piqeni në furrë të parangrohur për 20 minuta. Shërbejeni të nxehtë.

41. <u>**E shijshme mish mishi**</u>

PËRBËRËSIT:
- 7 oz proshuto, e prerë në feta hollë
- 7 oz provolone, e prerë në feta hollë
- 2 gota spinaq bebe
- 1 filxhan salcë domate
- ½ filxhan pastë domate
- 1 lugë gjelle uthull molle
- 4 lugë gjelle stevia
- 1 paund mish derri i bluar
- ½ qepë, e copëtuar
- ½ filxhan piper zile, i copëtuar
- 2 thelpinj hudhre, te grira
- ¼ filxhan djathë parmixhano, i grirë
- 2 vezë organike
- 1 lugë rigon i tharë
- 1 lugë borzilok, i tharë
- Kripë dhe piper për shije
- 1 lugë gjelle gjalpë

UDHËZIME:
a) Vendoseni furrën në 350 F.
b) Shkrini gjalpin në një tigan mbi zjarr mesatar. Hidhni në të spinaqin e bebit dhe e rregulloni me kripë dhe piper. Gatuani derisa gjethet të zbehen.
c) Në një tas bashkoni salcën dhe pastën e domates, së bashku me mushtin e mollës dhe stevian. E trazojmë dhe e lëmë mënjanë.
d) Në një enë tjetër, kombinoni mishin e derrit, qepën, piperin, hudhrën, parmixhanin dhe barishtet. Përziejini mirë.
e) Shtroni një letër pergamene rreth 10 inç dhe përhapni mishin sipër. Sipër rregulloni proshutën, pas saj spinaqin dhe provolonin për të krijuar një petë mishi. Anët e vulës.
f) E vendosim petën e mishit në një tepsi të shtruar me petë dhe sipër hedhim salcën e domates.
g) Piqni në furrë për pak më shumë se një orë ose derisa temperatura e brendshme të arrijë 165 F.

42. Proshuta e gjoksit të rosës

PËRBËRËSIT:

- 2 gjoks rosë
- ½ filxhan sheqer kafe të hapur
- ¼ filxhan kripë kosher
- 2 lugë çaji lëvore portokalli të grirë imët
- 2 lugë çaji koriandër të bluar
- 1 lugë çaji sherebelë e bluar
- 1 lugë çaji piper i zi i sapo bluar

UDHËZIME:

a) Vizatoni në mënyrë diagonale anën e lëkurës së gjoksit të rosës duke tërhequr lehtë një thikë shumë të mprehtë nëpër lëkurë dhe përmes kapakut dhjamor, duke i bërë prerjet rreth ½ inç larg njëra-tjetrës.

b) Bashkoni sheqerin, kripën, lëkurën e portokallit, koriandërin, sherebelën dhe piperin në një tas të vogël. Fërkojeni këtë kurë në të dy anët e rosës, duke përfshirë të çarat e lëkurës. Vendoseni rosën përsëri në enë, me anën e lëkurës lart. Mbulojeni enën fort me mbështjellës plastik dhe vendoseni në frigorifer për 4 ditë.

c) Kthejeni gjoksin e rosës dhe mbulojeni enën fort përsëri me mbështjellës plastik. Lëreni në frigorifer për 3 ditë të tjera.

d) Në këtë pikë, rosa duhet të ketë një ngjyrë të kuqe të errët dhe të ndjehet e fortë kudo, si një biftek i përgatitur mirë. Kjo do të thotë që mishi juaj është i kuruar. Nëse ende duket shumë i butë, kthejeni mishin përsëri dhe lëreni të qëndrojë për një ose dy ditë të tjera.

e) Për t'u siguruar që rosa juaj të jetë e sigurt për t'u ngrënë, vendoseni në raft, me anën e yndyrës lart, në furrën e parangrohur. Ngroheni rosën për rreth 25 minuta, ose derisa të arrijë një temperaturë të brendshme prej 160°F (70°C).

f) Shpëlajeni mirë rosën dhe thajeni shumë. Pritini në feta të holla si brisk para se ta shërbeni.

43. **Gjoks pule me proshuto dhe sherebelë**

Bën: 2 porcione

PËRBËRËSIT:
1 Gjoks pule pa kocka të plota pa lëkurë
Miell i kalitur me kripë dhe piper
2 lugë gjelle gjalpë pa kripë
½ filxhan verë e bardhë e thatë
¾ lugë çaji sherebelë e thatë; i shkërmoqur
2 ons Proshuto; i përulur

Përgjysmoni gjoksin e pulës për së gjati dhe rrafshoni pak midis fletëve të mbështjelljes plastike.

Lyejeni pulën lehtë në miellin e kalitur. Në një tigan të madh ngrohni gjalpin në zjarr mesatarisht të lartë derisa shkuma të ulet dhe në të kaurdisni mishin e pulës, të tharë dhe të lyer me kripë dhe piper sipas shijes, për 2 minuta nga secila anë ose derisa të skuqet lehtë. E kalojmë pulën me darë në një pjatë të nxehur dhe e mbajmë të ngrohtë të mbuluar në furrë të parangrohur 250.

Në tigan shtoni verën e bardhë dhe sherebelën, lërini të vlojnë duke e trazuar dhe ziejnë 1 minutë. Shtoni pulën me lëngjet e grumbulluara në pjatë dhe proshutën, ziejini përzierjen e mbuluar për 4 deri në 5 minuta ose derisa pula të jetë elastike në prekje dhe sapo të gatuhet, dhe e rregulloni me kripë dhe piper. Transferoni pulën në 2 pjata dhe mbi të hidhni me lugë salcën e proshutës.

44. <u>**Kuqe pule me proshuto dhe fiq**</u>

Bën: 8 porcione

PËRBËRËSIT:
- 6 lugë uthull të bardhë
- 3 lugë rozmarinë të freskët, të grirë imët
- 1 lugë çaji thekon piper të kuq
- 2 lugë lëng limoni të freskët
- 1 limon i plotë, i prerë në feta
- 1 lugë çaji Kripë
- ¼ lugë çaji Piper i zi i freskët i bluar
- ¼ filxhan vaj ulliri
- 8 Me kocka dhe lëkurë
- Gjysmat e gjoksit të pulës, të grira 1/4 inç të trasha
- 16 fiq të tërë
- 1 kile bukë fshati, e prerë në feta
- 8 feta Proshuto

Bashkoni verën, rozmarinën e copëtuar, thekonet e piperit, lëngun e limonit, kripën, piperin dhe vajin.

Hidheni në një enë të madhe dhe të cekët jo reaktive. Shtoni gjoksin e pulës, fetat e limonit dhe 3 degë rozmarine në marinadën e gjellës. Mbulojeni, vendoseni në frigorifer për 3 orë ose deri në një natë, duke e kthyer pulën herë pas here.

Lyejeni skarën me furçë me vaj. Ngroheni skarën në nxehtësi mesatare. Pak para se të gatuani mishin e pulës, skuqeni përsëri me vaj. Piqeni pulën në skarë derisa lëngjet të jenë të qarta, 3 deri në 5 minuta për anë; le menjane. Grijini fiqtë e plotë në pjesën më të freskët të skarës derisa të jenë të buta dhe të ngrohta, 3 deri në 6 minuta.

Grijeni bukën në skarë derisa të skuqet nga të dyja anët. Mbështilleni proshutën lirshëm rreth çdo gjoksi pule. Rregulloni në një pjatë. E zbukurojmë me rozmarinë dhe e servirim me salcë fiku balsamik, fiq dhe bukë.

45. Basil dhe Halibut të mbështjellë me proshutë

Bën: 2 racione

PËRBËRËSIT:
- 6 gjethe borziloku
- 2 feta proshuto
- 2 (4 ons) fileto shojzë e kuqe
- ½ lugë çaji erëza adobo
- 1 luge vaj ulliri

UDHËZIME:
a) Ngrohni furrën në 400 gradë F (200 gradë C).
b) Shtroni 3 gjethe borziloku në secilën fetë proshuto. I rregullojmë filetot e shojzës me erëza Adobo, i vendosim në njërën anë të fetave të përgatitura të proshutës dhe filetot e peshkut i mbështjellim me proshutën dhe borzilokun.
c) Vendoseni një tigan të sigurt për furrë mbi nxehtësinë mesatare-të lartë. Kur tigani të jetë i nxehtë, hidhni vajin e ullirit dhe vendosni filetot e mbështjellura të shojzës në tigan.

d) Ziejini filetot derisa proshuta të marrë ngjyrë kafe të artë, rreth 4 minuta. Ktheni filetot dhe vendoseni tavën në furrën e parangrohur. Piqeni derisa peshku të jetë i fortë në prekje dhe të gatuhet, rreth 5 minuta.

46. Djathë dhie me bar dhe karkaleca proshuto

Bën: 4 racione

PËRBËRËSIT:
12 lugë djathë dhie
1 lugë çaji majdanoz i freskët i grirë
1 lugë çaji Tarragon i freskët i copëtuar
1 lugë çaji Cërvil i freskët i copëtuar
1 lugë çaji Rigon i freskët i grirë
2 lugë çaji hudhër të grirë
Kripë dhe piper
12 Karkaleca të mëdha, të qëruara, me bisht dhe
Fluturuar
12 feta të holla proshuto
2 lugë vaj ulliri
Rrijë tartufi i bardhë
Vaj

Në një tas, përzieni djathin, barishtet dhe hudhrën së bashku. E rregullojmë përzierjen me kripë dhe piper. I rregullojmë karkalecat me kripë dhe piper. Shtypni një lugë gjelle nga mbushja në zgavrën e secilit karkalec. Mbështilleni fort çdo karkalec me një copë proshuto. Në një tigan ngrohni vajin e ullirit. Kur vaji të jetë i nxehtë, shtoni karkalecat e mbushura dhe ziejini për 2 deri në 3 minuta nga secila anë, ose derisa karkalecat të marrin ngjyrë rozë dhe bishtat e tyre të përkulen drejt trupit. Hiqeni nga tigani dhe vendoseni në një pjatë të madhe. Spërkatni karkalecat me vaj tartufi.

Dekoroni me majdanoz.

47. <u>**Taban i skuqur me chard dhe proshuto**</u>

Bën: 1 porcione

PËRBËRËSIT:
2 tufa Chard
2 lugë vaj ulliri të virgjër
4 fileto tabani, kockat dhe lëkura e hequr
¼ filxhan miell me erëza
2 ons Prosciutto di San Daniele, e prerë hollë, e prerë
Lëkura e 2 portokalleve, plus
Lëng i 1 portokalli
1 majë kanellë
2 ons vaj ulliri ekstra i virgjër
½ qepë e kuqe, e prerë në feta, letër e hollë
Pastroni dy tufa letre të kuqe (gjethe hiqen për përdorim tjetër). Pritini kërcellet në skajin e prerë në 6 inç të gjatë.

Sillni një litër ujë të ziejë dhe vendosni një banjë akulli. Gatuani kërcellet për 3 deri në 4 minuta në ujë të vluar derisa të zbuten dhe i derdhni në ujë me akull. Hiqeni dhe kulloni. Pritini në julienne ¼ inç dhe vendoseni në tas. Në një tigan 8 inç që nuk ngjit, ngrohni vajin e ullirit të virgjër derisa të pini duhan. Thërrmoni filetat e tabanit në miell të kalitur dhe vendosini në tigan. Gatuani nga njëra anë deri në kafe të artë, rreth dy minuta. Kthejeni dhe gatuajeni edhe 30 sekonda nga ana tjetër. Hiqeni në pjatë të ngrohtë.

Shtoni në tigan kërcellin e letrës dhe i rregulloni me kripë dhe piper. Shtoni proshuton, lëkurën e portokallit, kanellën, vajin e ullirit dhe qepën e kuqe dhe lërini të lyhen, rreth 30 sekonda. Spërkateni me një lugë gjelle lëng portokalli dhe hidheni sërish. I rregullojmë me kripë dhe piper dhe i ndajmë në katër pjata. Vendosni një fileto taban në çdo pjatë dhe shërbejeni.

MAKARONA

48.　Lazanja me kërpudha të egra dhe ekzotike

Bën: 9 racione

PËRBËRËSIT:
- 2 luge vaj ulliri
- 1 qepë e madhe; i grirë
- 2-ons prosciutto di parma; i grirë imët
- 2 lugë qepe e grirë
- 2 lugë hudhër të grirë
- ½ filxhan majdanoz i grirë imët
- 1 paund kërpudha të ndryshme të egra dhe ekzotike
- 2 lugë gjelle borzilok të grirë
- 1 lugë gjelle rigon i freskët i grirë
- ⅔ filxhan verë të bardhë të thatë
- 1½ paund domate të grimcuara të konservuara; deri në 2 paund
- 2 filxhan djathë rikota të freskët
- 1 vezë
- 2 filxhan djathë Parmigiano-Reggiano i grirë
- ½ filxhan djathë mocarela e grirë
- 1 kripë; për shije
- 1 piper i zi i sapo bluar
- 1 kile fletë makaronash të freskëta të prera në lazanja; udhëtime, të zbardhura,
- ½ filxhan krem i trashë
- ¼ filxhan qumësht
- 8 gjethe borziloku të thata

UDHËZIME:
a) Ngroheni furrën në 350 gradë. Lyejeni pak me vaj një enë pjekjeje drejtkëndëshe 13 me 9 inç. Në një tigan të madh, ngrohni vajin e ullirit.

b) Kur vaji të jetë i nxehtë, kaurdisni qepët dhe proshutën për rreth 4 minuta ose derisa qepët të jenë tharë dhe karamelizuar pak.

c) Përzieni ½ filxhan majdanoz, qepe dhe kërpudha. Skuqini për 10 minuta ose derisa kërpudhat të marrin ngjyrë kafe të artë. I rregullojmë me kripë dhe piper.

d) Hidhni hudhrën, borzilokun dhe rigonin. Kullojeni përzierjen e kërpudhave dhe rezervoni lëngun. Vendoseni lëngun përsëri në tigan dhe zvogëloni derisa lëngu të formojë një lustër, rreth 5 minuta. Duke kruar herë pas here anët për të liruar ndonjë grimcë.

e) Shtoni verën dhe ndiqni të njëjtin proces. Shtoni domatet dhe vazhdoni të gatuani për 10 minuta.

f) I rregullojmë me kripë dhe piper. Shtoni përzierjen e kërpudhave në salcë.

g) Në një tas, kombinoni djathin Ricotta, vezën, majdanozin e mbetur, ½ filxhan djathë Parmigiano-Reggiano të grirë dhe djathin Mozzarella.

h) I rregullojmë me kripë dhe piper. Për ta mbledhur, hidhni një sasi të vogël salce me lugë në fund të enës së pjekjes. Spërkateni me djathë parmixhano. Sipër salcës vendosni një shtresë me makarona. Përhapeni djathin mbi makaronat.

i) Përzieni kremin me çdo djathë të mbetur.

j) I rregullojmë me kripë dhe piper. Hidhni sipër lazanjave. Mbuloni lazanjat. Piqni për 30 minuta të mbuluara dhe 10 deri në 15 minuta pa mbuluar, ose derisa lazanja të marrë ngjyrë kafe të artë dhe të ngrihet.

k) Hiqni lazanjat nga furra dhe lërini të pushojnë për 10 minuta përpara se t'i prisni në feta. Vendosni një pjesë të lazanjës në qendër të pjatës.

l) Dekoroni me djathë të grirë dhe gjethe borziloku të skuqur.

49. Basil dhe Halibut të mbështjellë me proshutë

Bën: 2 racione

PËRBËRËSIT:
- 6 gjethe borziloku
- 2 feta proshuto
- 2 (4 ons) fileto shojzë e kuqe
- ½ lugë çaji erëza adobo
- 1 luge vaj ulliri

UDHËZIME:
e) Ngrohni furrën në 400 gradë F (200 gradë C).
f) Shtroni 3 gjethe borziloku në secilën fetë proshuto. I rregullojmë filetot e shojzës me erëza Adobo, i vendosim në njërën anë të fetave të përgatitura të proshutës dhe filetot e peshkut i mbështjellim me proshutën dhe borzilokun.
g) Vendoseni një tigan të sigurt për furrë mbi nxehtësinë mesatare-të lartë. Kur tigani të jetë i nxehtë, hidhni vajin e ullirit dhe vendosni filetot e mbështjellura të shojzës në tigan.
h) Ziejini filetot derisa proshuta të marrë ngjyrë kafe të artë, rreth 4 minuta. Ktheni filetot dhe vendoseni tavën në furrën e parangrohur. Piqeni derisa peshku të jetë i fortë në prekje dhe të gatuhet, rreth 5 minuta.

50. Lasagna Alfredo pule

PËRBËRËSIT:
- 4 oce panceta e prerë hollë, e prerë në shirita
- 3 ons proshuto të prera hollë ose proshutë ushqimore, të prera në rripa
- 3 gota pulë rotisserie të grira
- 5 lugë gjalpë pa kripë, të prera në kubikë
- 1/4 filxhan miell për të gjitha përdorimet
- 4 gota qumësht të plotë
- 2 gota djathë të grirë Asiago, të ndara
- 2 lugë majdanoz të freskët të grirë, të ndarë
- 1/4 lugë çaji piper i grirë trashë
- Pini arrëmyshk të bluar
- 9 petë lazanja pa gatuar
- 1-1/2 filxhan djathë mocarela të grirë pjesërisht të skremuar
- 1-1/2 filxhan djathë parmixhano të grirë

UDHËZIME:
a) Në një tigan të madh, gatuajini pancetën dhe proshutën në zjarr mesatar derisa të marrin ngjyrë kafe. Kullojini në peshqir letre. Transferoni në një tas të madh; shtoni pulën dhe hidheni për t'u kombinuar.

b) Për salcën, në një tenxhere të madhe shkrini gjalpin në zjarr mesatar. Përzieni miellin derisa të jetë e qetë; rrahim gradualisht qumështin. Lëreni të vlojë, duke e përzier vazhdimisht; gatuajeni dhe përzieni për 1-2 minuta ose derisa të trashet. Hiqeni nga nxehtësia; përzieni 1/2 filxhan djathë Asiago, 1 lugë majdanoz, piper dhe arrëmyshk.

c) Ngroheni furrën në 375°. Përhapeni 1/2 filxhan salcë në një 13x9 inç të lyer me yndyrë. enë për pjekje. Shtroni me një të tretën e secilës prej të mëposhtmeve: petë, salcë, përzierje mishi, djathë Asiago, mocarela dhe parmixhan. Përsëritni shtresat dy herë.

d) E pjekim, të mbuluar, 30 minuta. Zbulo; piqni 15 minuta më gjatë ose derisa të marrë flluska. Spërkateni me majdanozin e mbetur. Lëreni të qëndrojë 10 minuta para se ta shërbeni.

51. **Pena me salcë vodka**

Bën: 4

PËRBËRËSIT:
- 16 oz. makarona pene
- 1 luge vaj ulliri
- 1 qepë të prerë në kubikë
- 3 thelpinj hudhre te grira
- ¼ £ proshuto të copëtuar
- 28 oz. domate të grimcuara të konservuara
- 1 filxhan salcë domate
- ½ filxhan vodka
- 1 filxhan krem të rëndë
- 1 filxhan djathë parmixhano
- ½ filxhan gjethe boriloku të freskët të copëtuar
- ¼ lugë çaji trumzë
- 1 lugë majdanoz të grirë
- Kripë për shije
- 1 lugë çaji sheqer

UDHËZIME:
a) Ziejini makaronat në një tenxhere me ujë të kripur për 10 minuta. Kullojeni.
b) Ngrohni vajin në një tigan të madh ose në një tenxhere tjetër.
c) Kaurdisni qepën, hudhrën, proshutën për 2 minuta.
d) Shtoni domatet e shtypura dhe salcën e domates.
e) Përziejini dhe ziejini për 5 minuta.
f) Shtoni vodkën dhe kremin e trashë dhe ziejini për 20 minuta.
g) I rregullojmë me borzilok, trumzë, majdanoz, kripë dhe sheqer.
h) Shijoni dhe rregulloni erëzat.
i) Hidhni makaronat e ziera dhe djathin parmixhano dhe ziejini për 5 minuta.

52. Makarona borziloku me limon me lakra brukseli

Bën: 8

PËRBËRËSIT:

- 1 kuti (1 kile) makarona të prera gjatë, të tilla si bucatini ose fetuccine
- 4 ons proshuto të prera hollë, të grisura
- 3 lugë vaj ulliri ekstra të virgjër
- 1 kile lakër brukseli, të përgjysmuara ose të katërta nëse janë të mëdha
- Kripë Kosher dhe piper i sapo bluar
- 2 luge uthull balsamike
- 1 spec jalapeño, me fara dhe të prera
- 1 lugë gjelle gjethe trumze të freskëta
- 1 filxhan Pesto borziloku me limon
- 4 okë djathë dhie, i thërrmuar
- ⅓ filxhan djathë Manchego i grirë
- Lëkura dhe lëngu i 1 limoni

UDHËZIME:

a) Ngrohni furrën në 375°F.

b) Sillni një tenxhere të madhe me ujë të kripur të ziejë në zjarr të lartë. Shtoni makaronat dhe ziejini sipas udhëzimeve të paketimit derisa të jenë al dente. Rezervoni 1 filxhan ujin e zierjes së makaronave dhe më pas kullojini.

c) Ndërkohë, rregulloni proshutën në një shtresë të barabartë në një tepsi të veshur me letër furre. Piqni derisa të bëhen krokante, 8 deri në 10 minuta.

d) Ndërsa makaronat zihen dhe proshuta piqen, ngrohni vajin e ullirit në një tigan të madh mbi nxehtësinë mesatare. Kur vaji të shkëlqejë, shtoni lakrat e Brukselit dhe gatuajeni, duke i përzier herë pas here, deri në kafe të artë, 8 deri në 10 minuta. I rregullojmë me kripë dhe piper. Ulni nxehtësinë në mesatare-të ulët dhe shtoni uthullën, jalapeñon dhe trumzën dhe gatuajeni derisa filizat të jenë glazurë, 1 deri në 2 minuta më shumë.

e) Hiqeni tiganin nga zjarri dhe shtoni makaronat e kulluara, peston, djathin e dhisë, Mançegon, lëkurën e limonit dhe lëngun e limonit. Shtoni rreth ¼ filxhan me ujë të zierjes së makaronave dhe përziejini për të krijuar një salcë.

f) Shtoni 1 lugë gjelle më shumë në një kohë derisa të arrihet konsistenca e dëshiruar. Shijoni dhe shtoni më shumë kripë dhe piper sipas nevojës.

g) Ndani makaronat në mënyrë të barabartë në tetë tasa ose pjata dhe sipër secilit me proshutto krokante.

53. **Fettuccine al prosciutto**

Bën: 4 racione

PËRBËRËSIT:
- 6 ons Proshuto
- 4 ons gjalpë
- 2 lugë qepë të grirë
- Kripë
- Piper i zi i sapo bluar
- 1 kile fetuccine e freskët
- ⅔ filxhan Parmixhan i sapo grirë

a) Ndani pjesë të shëndosha dhe të ligët të proshutos. Prisni yndyrën në mënyrë të trashë; prerë ligët në katrore ½ inç.
b) Shkrini gjalpin në një tigan.
c) Shtoni qepën dhe yndyrën e proshutës dhe skuqini për 5 minuta.
d) Kullojini në një kullesë por jo shumë mirë: lërini pak të lagura.
e) Transferoni fetuccinën në një tas të nxehtë për servirje. Hidhni të gjithë përmbajtjen e tavës. Shtoni djathë të grirë dhe më shumë piper të freskët të bluar dhe hidheni përsëri. Hidhni sipër proshutën dhe shërbejeni menjëherë.

54. Proshuta me arra pishe fetucine dhe domate të thara

Bën: 2 racione

PËRBËRËSIT:
6 ons Fettucine; të freskëta
2 lugë vaj ulliri
½ lugë çaji hudhër; i copëtuar
1 lugë gjelle arra pishe
1 fetë Proshuto; i përulur
2 domate të thara; i copëtuar
½ filxhan lëng pule
6 gjethe borziloku; i përulur
1 lugë djathë parmixhano i rruar
Kripë dhe piper
1 lugë çaji Gjalpë
½ lugë çaji Xhenxhefil; i copëtuar

Në një tenxhere të madhe me ujë të vluar dhe të kripur, gatuajeni fetucinën derisa të zbutet, 1½ minutë, kullojeni dhe lëreni mënjanë.

Ngroheni një tigan derisa të nxehet shumë dhe shtoni vaj ulliri. Shtoni hudhrën, arrat e pishës, proshutën dhe domatet e thara në diell. Skuqini derisa arrat e pishës të marrin ngjyrë të artë. Shtoni lëngun e pulës, borzilokun dhe parmixhanin, lëreni të ziejë dhe zvogëloni lëngun me ½. Shtoni petët dhe përzieni mirë. I rregullojmë sipas shijes me kripë dhe piper. Shtoni gjalpin dhe xhenxhefilin dhe hidhini sërish. Shërbejeni menjëherë.

55. **Fettuccine me proshuto dhe asparagus**

Bën: 4 racione

PËRBËRËSIT:
½ paund Asparagus, në copa 1 inç.
2 lugë gjelle gjalpë
½ filxhan qepë, të grirë
4 ons Proshuto
1 lugë gjelle Gjalpë
1 luge miell
½ filxhan krem
1 kile Fettuccine
½ filxhan djathë parmixhano i sapo grirë
Piper i sapo bluar

Gatuani shpargujt derisa të zbuten; kulloj. Ulni ujin e gatimit në ½ filxhan. Shkrini gjalpin në një tigan mbi nxehtësinë mesatare. Shtoni qepën dhe gatuajeni derisa të ketë aromë. Përzieni proshutën dhe skuqeni. Bëni një përzierje të miellit dhe gjalpit; shtoni ujin e rezervuar të asparagut dhe kremin. Rrihni dhe ngrohni derisa salca të trashet. Shtoni shpargujt dhe proshutën dhe përzieni. Ndërkohë gatuajini makaronat. Kur makaronat të jenë zier al dente i kullojmë dhe i hedhim salcën duke shtuar djathin e grirë. Shërbejeni dhe shtoni piper të sapo grirë sipas shijes.

56. Fusilli me proshuto dhe bizele

Bën: 1 porcion

PËRBËRËSIT:
2 lugë vaj ulliri
2 lugë gjelle gjalpë
1 Karrotë e grirë
1 kërcell selino të grirë
1 qepë e vogël e grirë
6 feta të holla proshuto - të prera
½ filxhan verë të bardhë
2 12 oz. domate të kulluara; (Marka Pomi)
1 filxhan bizele
1 kile Makarona fusilli të gatuara

UDHËZIME:
Ngrohni vajin e ullirit, gjalpin në një tenxhere të madhe me salcë. Shtoni karotën e grirë, selinon dhe qepën. Skuqeni shkurt derisa të zbuten. Shtoni proshuton, verën e bardhë dhe domatet e kulluara. Gatuani për rreth 30 minuta në zjarr të ulët për të kombinuar shijet. Përfundoni me bizelet dhe përzieni për t'u bashkuar. Hidhni makaronat e nxehta me salcën. Dekoroni me borzilok të freskët dhe djathë parmixhano.

57. Fusilli me shiitake, brokoli rabe dhe salcë proshuto

Bën: 4 racione

PËRBËRËSIT:
- 1 kile makarona Fusilli
- 1 kile brokoli rabe; prerë, dhe Pritini në copa 1 inç

PËR salcë
- ½ filxhan vaj ulliri
- ½ filxhan Shalot të grirë
- 1 thelpi hudhër; i grirë
- 6 ons kërpudha Shiitake - (deri në 8 oz); i prerë, i prerë në feta
- 6 ons proshutë ose proshutë të ngjashme të kuruar - (deri në 8 oz); prerë zare të vegjël, Ose shirita
- ½ lugë çaji Piper i kuq i tharë i nxehtë (deri në 1 lugë çaji); ose për shije
- ⅓ filxhan lëng pule ose lëng mishi
- 2 lugë majdanoz i freskët i grirë
- 2 lugë Qepujkë të freskët të grirë
- 2 lugë tarragon i freskët

GARNISH
- Djathë parmixhano i freskët i grirë; (opsionale)

Domate të thara; (opsionale)

a) Fillimisht bëni salcën. Në një tigan ngrohni vajin. Shtoni qepujt dhe ziejini duke i trazuar për 1 minutë.

b) Më pas shtoni kërpudhat dhe gatuajini, duke i përzier herë pas here për 5 minuta, ose derisa kërpudhat të kenë marrë një ngjyrë të lehtë të artë.

c) Tani përzieni hudhrën, proshutën dhe specat e kuq dhe gatuajeni për 30 minuta, dhe më pas shtoni lëngun e pulës ose lëngun e mishit dhe ziejini për 1 minutë.

d) Për makaronat tuaja, sillni një tenxhere të madhe me ujë në një valë të plotë.

e) Kur uji të jetë gati, shtoni makaronat tuaja. Mos harroni të filloni kohën tuaj të gatimit kur uji kthehet në një valë, jo kur shtoni makaronat.

f) Gatuani makaronat tuaja sipas udhëzimeve të paketimit, pas 6 minutash zierje, makaronave të gatimit shtoni brokolin rabe.

g) Kulloni makaronat dhe brokolin në një kullesë dhe transferojini në një pjatë servirjeje. Spërkateni me salcë duke e përzier mirë. Garnizoni sipas dëshirës.

58. Papardelle me proshuto dhe bizele

Bën: 1 porcion

PËRBËRËSIT:
¼ filxhan Proshuto të grirë
1 filxhan bizele
1 filxhan krem i rëndë
1 filxhan Gjysmë e gjysmë
⅓ filxhan djathë Asiago i grirë
1 kile petë lasagne

UDHËZIME:
Ngroheni një tigan të madh derisa të nxehet. Shtoni proshutën e grirë dhe gatuajeni për rreth tre minuta derisa të zbuten, por jo të freskëta. Shtoni bizelet dhe përziejini që të bashkohen. Hidhni në të kremin e trashë dhe gjysmë e gjysmë. Shtoni djathin Asiago dhe zvogëloni nxehtësinë në minimum. Lëreni salcën të ziejë ngadalë për pesë minuta, duke e përzier shpesh që djathi të shkrihet dhe kremi të trashet pak. Sezoni me piper. Për të bërë papardelën, merrni petët e lazanjës dhe pritini në shirita të gjatë rreth 1" të gjerë. Hidhini shiritat në ujë të vluar me kripë dhe gatuajini derisa të zbuten. Për t'i shërbyer, hidhni makaronat e gatuara me salcën e djathit.

59. Makarona me borzilok dhe proshuto

Bën: 4 porcione

PËRBËRËSIT:
1 kile makarona; Penne
1 luge vaj ulliri
1 thelpi hudhër; Të copëtuara
⅓ paund Proshuto; Të copëtuara
1 ons gjethe borziloku të freskët
4 lugë jogurt pa yndyrë; E kulluar
Kripë; Për Shije
Piper i freskët i bluar; Për Shije
Sillni një tenxhere të madhe me ujë pak të kripur të vlojë dhe ziejini penet derisa të jenë al dente.

Ndërsa makaronat janë duke u zier, ngrohni vajin e ullirit në një tigan dhe skuqni hudhrat për një kohë të shkurtër derisa të fillojnë të marrin ngjyrë kafe. Shtoni proshutën e copëtuar dhe skuqeni për dy ose tre minuta derisa edhe ajo të fillojë të marrë ngjyrë kafe. E heqim tiganin nga zjarri.

Kulloni makaronat e gatuara në një kullesë dhe vendosini përsëri në tenxhere.

Shifononi borzilokun dhe ia shtoni makaronave së bashku me proshutën dhe hudhrën.

I rregullojmë me kripë dhe piper dhe i hedhim makaronat që të përzihen përbërësit. Hidhni me lugë kosin në makaronat e nxehta dhe përziejini derisa të mbulohen lehtë. Transferoni në një pjatë të ngrohur dhe shërbejeni.

60. Rrotulla makaronash të mbushura me proshuto

Bën: 15 racione

PËRBËRËSIT:
- 3 gota miell për të gjitha përdorimet
- 3 vezë
- 3 paund Spinaq i freskët, i shpëlarë dhe me kërcell
- 3 gota djathë Ricotta
- 3 vezë
- 1½ lugë gjelle arrëmyshk i sapo grirë
- 1½ filxhan djathë parmixhano të grirë
- Kripë dhe piper i sapo bluar
- ½ filxhan plus 1 t ujë
- 1½ luge vaj ulliri
- 24 proshuta me feta të holla letre
- 18 ons djathë Mozzarella, i prerë në feta hollë
- Vaj ulliri
- Vinegrette domate e tharë në diell

Për makaronat: Vendosni miellin në një tas të madh. Përzieni vezët, ujin dhe vajin; shtoni në miell dhe përzieni mirë. Ziejini në sipërfaqe të lyer me miell derisa të jetë e lëmuar dhe elastike, rreth 10 minuta. Mbulojeni dhe lëreni të pushojë për 15 minuta.

Për mbushjen: Vendosni spinaqin në një tigan të madh mbi nxehtësinë mesatare.

Mbulojeni dhe gatuajeni derisa të thahet, duke e përzier herë pas here. Kullojeni. Shtrydhni të thatë. Pritini spinaqin. Përzieni rikotën, vezët dhe arrëmyshk në një tas të madh. Përzieni spinaqin dhe parmixhanin. I rregullojmë me kripë dhe piper.

Prisni ⅓ të brumit. Hapeni në sipërfaqe të lyer pak me miell sa më hollë të jetë e mundur. Pritini në drejtkëndësh 18x11 inç. Përhapeni me ⅓ përzierje me spinaq, duke lënë kufirin ½ inç nga të gjitha anët. Mbulojeni mbushjen me 8 feta proshuto, pastaj ⅓ mocarela. Palosni 1 inç të secilës anë të gjatë mbi mbushje. Lyejeni skajet e skajeve të shkurtra me ujë. Duke filluar nga 1 fund i shkurtër, rrotulloni makaronat në formë pelte. Mbështilleni me napë dhe lidheni me fije për të mbajtur formën. Përsëriteni me brumin e mbetur dhe mbushjen.

Sillni 2 inç ujë të ziejë në një tigan të madh pjekjeje sipër sobës. Shtoni role makaronash. Ulni nxehtësinë, mbulojeni dhe ziejini për 35 minuta.

Duke përdorur 2 spatula, hiqni rolet dhe ftohuni. Hiqni butësisht fijen dhe napë. Mbështilleni fort dhe vendoseni në frigorifer gjatë natës.

Pritini rrotullat e makaronave në feta ½ inç të trasha. Rregullojini në pjatë. Lyejeni me vaj ulliri. Shërbejeni në temperaturën e dhomës me vinegrette domate të thara në diell.

61. **Makarona feste me proshuto**

Bën: 6 racione

PËRBËRËSIT:
1 pako (12 ons) fetuccine me spinaq
½ filxhan gjalpë; të ndarë
2 filxhanë Shirita të hollë të proshutës; (rreth 1/3 paund)
5½ filxhan krem pana
1 kanaçe (14 ons) zemra artichoke; kullohet dhe pritet përgjysmë
½ filxhan Qiqra të freskët ose të ngrirë të copëtuar

Gatuani makaronat sipas udhëzimeve të paketimit; kulloj. Shkrini ¼ filxhan gjalpë në një furrë holandeze mbi nxehtësinë mesatare. Shtoni proshutën; kaverdisim derisa të marrin ngjyrë kafe. Kullojeni.
Le menjane.
Shkrini ¼ filxhani gjalpë të mbetur në furrën holandeze mbi nxehtësinë mesatare. Shtoni makaronat e gatuara, kremin e rrahur, zemrat e angjinareve dhe ¼ filxhan qiqra; hedh butësisht.
Transferimi në pjatën e servirjes; spërkateni me proshuto dhe qiqrat e mbetura.
Shërbejeni menjëherë.

62. Tortellini me bizele dhe proshuto

Bën: 4 racione

PËRBËRËSIT:
15 ons Tortellini; djathë
1½ filxhan krem pana
1 x arrëmyshk; majë e sapo grirë
6 lugë gjelle parmezan; i sapo grirë
¾ filxhan bizele; i ngrirë i vogël i shkrirë
1½ ons Proshuto; prerje e prerë me yndyrë
1 x kripë dhe piper i sapo bluar

Gatuani tortelinat në një tenxhere të madhe me ujë të kripur të vluar derisa të zbuten mezi, duke i përzier herë pas here për të parandaluar ngjitjen. Kullojini tërësisht.

Ndërkohë vendosim kremin të ziejë në një tenxhere të madhe të rëndë. Zvogëloni nxehtësinë.

Shtoni arrëmyshk dhe ziejini derisa të trashet pak, rreth 8 minuta.

Kthejini tortelinët në tenxhere. Shtoni kremin e ngrohtë, parmixhanin, bizelet dhe proshuton. Ziejini në zjarr të ulët derisa tortelini të zbutet dhe salca të trashet, duke e përzier herë pas here, rreth 4 minuta. I rregullojmë me kripë dhe piper. Ndani në katër tas të ngrohtë dhe shërbejeni.

SALATA DHE ANËT

63. Sallatë me proshutë me pjepër

PËRBËRËSIT:
- 1/2 pjepër e pjekur
- 1/2 vesë mjalti të pjekur
- 8 ons proshuto

a) Pastroni dhe qëroni pjeprin dhe pritini në copa 1 inç (ose përdorni një mbajtës pjepri).
b) Pritini proshutën, përzieni gjithçka dhe shërbejeni.

64. Sallatë rukole dhe kërpudha perle

Bën: 4 – 6

PËRBËRËSIT:
- 3 lugë vaj ulliri ekstra të virgjër
- ½ kile kërpudha perle, të prera në feta trashë
- Kripë dhe piper i sapo bluar
- 2 luge uthull balsamike
- ½ lugë çaji lëvore limoni të grirë imët
- 2 brinjë të brendshme selino, të prera në shkrepse, plus gjethe selino të prera, për zbukurim
- 5 gota rukola bebe
- 3 ons Pecorino Romano ose djathë tjetër të mprehtë, të rruar me një qëruese perimesh
- 3 ons proshuto di Parma të prera hollë

UDHËZIME:
a) Në një tigan të madh që nuk ngjit, ngrohni 1 lugë gjelle vaj ulliri. Shtoni kërpudhat dhe i rregulloni me kripë dhe piper.
b) Gatuani mbi zjarr mesatarisht të lartë, duke e trazuar herë pas here, derisa të zbuten dhe të skuqen lehtë, rreth 6 minuta. Transferoni kërpudhat në një tas dhe lërini të ftohen.
c) Në një tas të madh, rrihni uthullën me lëkurën e limonit dhe 2 lugët e mbetura vaj ulliri. I rregullojmë me kripë dhe piper. Shtoni shkopinjtë e selinos, rukolën dhe kërpudhat dhe hidhini butësisht.
d) Transferoni sallatën në një pjatë ose tas të madh, sipër shtoni Pecorino Romano, proshuto dhe gjethe selino. Shërbejeni menjëherë.

65. <u>Sallatë me fiku, proshutë dhe nektarinë në shurup vere</u>

Bën: 1 porcion

PËRBËRËSIT:
- ½ filxhan verë e bardhë e thatë
- ½ filxhan Ujë
- ¼ filxhan Sheqer
- 2 litra fiq të freskët jeshil dhe/ose vjollcë; rrjedhin
- 2 nektarina të mëdha të pjekura
- ¼ kile) copë proshutë ose proshuto, e prerë në rripa
- Degët e nenexhikut dhe/ose gjethet e freskëta të rrushit për zbukurim

UDHËZIME:
a) Në një tenxhere të vogël zieni verën dhe ujin me sheqerin derisa të tretet sheqeri, rreth 3 minuta dhe hiqeni tiganin nga zjarri. Ftoheni pak shurupin e verës dhe ftoheni. Shurupi i verës mund të përgatitet 1 javë përpara dhe të ftohet, i mbuluar.

b) Përgjysmoni fiqtë dhe prisni nektarinat në copa të holla. Në një tas, hidhni butësisht frutat me proshutën ose proshutën dhe gjysmën e shurupit të verës.

c) Rregulloni sallatën në një pjatë dhe derdhni mbi të shurupin e mbetur të verës. Zbukuroni sallatën me mente dhe/ose gjethe rrushi.

66. Bishtaja të pjekura me proshuto

Bën: 2

PËRBËRËSIT:
- 4 feta proshuto
- ¼ kile bishtaja, skajet e prera
- 1 qepë e vogël e verdhë, e prerë në feta
- 1 lugë gjelle vaj kanola

UDHËZIME:
a) Ngrohni paraprakisht furrën tuaj të fryerjes dixhitale me ajër në 350 °F për disa minuta.
b) Në një shportë furre ninja dhe vendosni proshutën dhe PJEQeni për 5 minuta në 390 °F.
c) Merrni një tas dhe përzieni përbërësit e mbetur.
d) Nxirreni proshutën nga furra.
e) Vendosini perimet në një kosh furre dhe skuqini në ajër për 15 minuta të tjera.
f) Thërrmoni proshuton dhe spërkatni sipër bishtajave të pjekura.
g) Kënaquni.

67. Proshutë e mbështjellë me asparagus

Bën: 6

PËRBËRËSIT:
- 18 shparg, të prera
- 6 feta proshuto, të prera në rripa të gjatë të hollë

UDHËZIME:
a) Rrotulloni çdo shirit proshuto rreth shtizës së shpargut.
b) Vendoseni në koshin e skuqjes me ajër dhe gatuajeni në 180ºC, për 7 minuta.

68. Sallatë Antipasto

PËRBËRËSIT:
- 1 kokë e madhe ose 2 zemra rome të copëtuara
- Proshuta 4 oce e prerë në shirita
- 4 ons sallam ose spec të prerë në kubikë
- ½ filxhan zemrat e artiçokut të prera në feta
- ½ filxhan ullinj përzierje të zezë dhe jeshile
- ½ filxhan speca të nxehtë ose të ëmbël turshi ose të pjekur
- Salcë italiane për shije

UDHËZIME:
a) Kombinoni të gjithë përbërësit në një tas të madh sallate.
b) Hidheni me salcë italiane.

69. Kuti rostiçeri Antipasto për dy

PËRBËRËSIT:

- 2 ons proshuto të prera hollë
- 2 ons sallam, në kubikë
- 1 ons djathë gouda, i prerë në feta hollë
- 1 ons djathë parmixhano, i prerë në feta hollë
- ¼ filxhan bajame
- 2 lugë ullinj jeshil
- 2 lugë ullinj të zinj

UDHËZIME:

a) Vendosni proshuton, sallamin, djathrat, bajamet dhe ullinjtë në përgatitjen e vaktit.

b) Mbulojeni dhe vendoseni në frigorifer deri në 4 ditë.

70. <u>Sallatë me fiku dhe proshutë</u>

Bën: 2

PËRBËRËSIT:
- 1 duzinë fiq të freskët kalifornian
- 4 ons proshuto me feta
- 4 ons djathë Manchego
- 2 grushta raketa rukole të egra
- 1/4 filxhan ullinj të marinuar
- 1 lugë gjelle uthull balsamike fiku, ose balsamike tjetër të cilësisë së mirë
- 1 luge vaj ulliri
- kripë dhe piper për shije

UDHËZIME:
a) Lani, kërceni dhe çelikoni fiqtë. Hapësirë e barabartë në një dërrasë ose tabaka të madhe.
b) Pritini çdo fetë proshuto përgjysmë dhe vendoseni në dërrasë me fiq.
c) Duke përdorur një qërues perimesh, rruani djathin Manchego në feta të holla dhe spërkateni mbi fiqtë dhe djathin. Hidhni sipër ullinjtë dhe rukolën.
d) Mundohuni të jeni të zgjuar në lidhje me vendosjen e secilit artikull. Kjo nuk është një sallatë e hedhur dhe duhet të duket elegante rastësore. Lyejeni pjesën e sipërme të sallatës me uthull balsamike dhe vaj. Spërkateni me kripë dhe piper sipas shijes dhe shërbejeni menjëherë.

71. Sallatë për mëngjes me grejpfrut, avokado dhe proshutë

PËRBËRËSIT:

- 1 grejpfrut i vogël rubin i kuq
- 2 gota gjoks pule rotiserie të copëtuar pa lëkurë, pa kocka
- ¾ lugë çaji vaj susami të errët
- ⅛ lugë çaji piper i zi i sapo bluar
- Pikë kripe kosher
- 1 filxhan mikro zarzavate, rukola bebe ose marule e grisur
- ½ avokado e pjekur e qëruar, e prerë në feta hollë
- ¾ filxhani copa të freskëta ananasi
- 1/2 filxhan mollë Granny Smith të copëtuar
- ¼ filxhan karrota
- 1/4 filxhan Edamame
- 1 proshuto fetë shumë të hollë
- Hummus i mbetur
- 3 lugë lajthi të thekura të grira
- krisur me shumë fara

UDHËZIME:

a) Qëroni grejpfrutin; prerë seksione nga grejpfrut mbi një tas të mesme. Shtrydhni membranat për të nxjerrë rreth 1 lugë gjelle lëng.

b) Lërini mënjanë seksionet. Shtoni vaj, piper dhe kripë në lëng, duke e trazuar me një kamxhik. Shtoni zarzavate; hedh në pallto.

c) Rregulloni zarzavatet në një pjatë; sipër me seksione grejpfruti, avokado, ananas, edamame, karrota dhe proshuto.

d) Shërbejeni me humus, lajthi dhe krisur me shumë fara.

72. Sallatë me patate të ëmbla dhe proshuta të pjekura

Bën: 8

PËRBËRËSIT:
- Mjaltë 1 lugë çaji
- Lëng limoni 1 lugë gjelle
- Qepë të njoma (të ndara dhe të prera) 2
- Piper i kuq i ëmbël (i grirë imët) 1/4 filxhan
- Pecans (të copëtuara dhe të thekura) 1/3 filxhan
- Rrepkë (të prera) 1/2 filxhan
- Proshuto (e prerë në feta të holla dhe e prerë) 1/2 filxhan
- Piper 1/8 lugë çaji
- 1/2 lugë çaji kripë (e ndarë)
- 4 lugë vaj ulliri (i ndarë)
- 3 patate të ëmbla, të mesme (të qëruara dhe të prera në kubikë në 1 inç)

a) Në 400 gradë F, ngrohni furrën. Vendosni patatet e ëmbla në një tavë të lyer me yndyrë (15x10x1 inç).

b) Hidhni 2 lugë vaj dhe spërkatni 1/4 e lugës së vogël kripë dhe piper dhe i hidhni siç duhet. Pjekim për gjysmë ore, dhe ende në mënyrë periodike.

c) Spërkatni pak proshuto mbi patatet e ëmbla dhe skuqeni për 10 deri në 15 minuta derisa patatet e ëmbla të jenë të buta dhe proshuta të bëhet krokante.

d) Transferoni përzierjen në një tas me madhësi të madhe dhe lëreni të ftohet pak.

e) Shtoni gjysmën e qepëve të njoma, specit të kuq, arra dhe rrepkat. Merrni një tas të vogël, rrihni kripën, vajin e mbetur, mjaltin dhe lëngun e limonit derisa të përzihen mirë.

f) Spërkateni mbi sallatë; hidheni siç duhet për t'u kombinuar. Spërkateni me qepët e njoma të mbetura.

73. Sallatë me proshutë viçi të pjekur në skarë

Bën: 1 porcion

PËRBËRËSIT:
- ½ filxhan vaj ulliri
- 3 thelpinj hudhër; të prera në kubikë të trashë
- 4 degë rozmarinë
- 8 ons; fileto viçi
- Kripë dhe piper i zi i sapo bluar
- 2 limonë; i pjekur në skarë
- 1 lugë qepe e prerë në kubikë të trashë
- 1 lugë gjelle rozmarinë e freskët të prerë në kubikë të trashë
- 3 thelpinj hudhër të pjekur në skarë
- ½ filxhan vaj ulliri
- Kripë dhe piper i sapo bluar
- 8 gota marule rome të prera në kubikë
- Vinegrette me hudhër të pjekur në skarë me limon
- 8 segmente Proshuto; i përulur
- 12 qepë; i pjekur në skarë dhe i prerë në kubikë
- 2 domate të kuqe; i prerë në kubikë
- 2 domate të verdha; i prerë në kubikë
- 1½ filxhan Gorgonzola e grimcuar
- Fileto viçi i pjekur në skarë; i prerë në kubikë
- 4 vezë të ziera fort; të qëruara dhe të prera në kubikë
- 2 Haas avokado; i qëruar, me gropa
- Qiqra të prera në kubikë
- 8 thelpinj hudhër të pjekur në skarë
- 2 Ngjit gjalpë pa kripë; i zbutur
- Kripë dhe piper i sapo bluar
- 16 segmente bukë italiane; Segmentuar 1/4-inç
- ¼ filxhan majdanoz i prerë imët
- ¼ filxhan rigon i prerë imët

UDHËZIME:

a) Përzieni vajin, hudhrën dhe rozmarinën në një enë pjekjeje të vogël të cekët. Shtoni mishin e viçit dhe përzieni që të lyhet. Mbulojeni dhe vendoseni në frigorifer për të paktën 2 orë ose gjatë gjithë natës. Lëreni të qëndrojë në temperaturën e dhomës për 30 minuta përpara se t'i grini

b) Ngrohni grilën. Hiqeni viçin nga shëllira, rregulloni me kripë dhe piper për shije dhe piqeni në skarë për 4 deri në 5 minuta nga secila anë për gatishmëri mesatare të rrallë.

74. Zemra angjinare dhe proshuto

Bën: 1 porcion

PËRBËRËSIT:
14 ons Mund zemrat e artiçokut, të kulluara
⅓ paund Proshuto, letër e prerë hollë
¼ filxhan vaj ulliri
½ lugë çaji Trumzë e thatë
½ lugë çaji lëvore portokalli e grirë imët
Piper i sapo bluar

a) Mbështilleni çdo zemër të artiçokut me një fetë proshuto dhe sigurojeni me një kruese dhëmbësh.
b) Në një tas të veçantë, përzieni vajin e ullirit, trumzën, lëkurën e portokallit dhe piperin.
c) Shërbejeni në temperaturë ambienti.

75. Kopër me kërpudha dhe proshuto

Bën: 8 porcione
PËRBËRËSIT:
- 8 krerë kopër
- 1¼ c lëng pule
- ¾ c verë e bardhë, pak e ëmbël
- 1 lb kërpudha të prera në feta
- 2 oz proshuto, të prera hollë: dhe të grira

a) Prisni kërcellet e koprës dhe zarzavatet me pupla. Rezervoni zarzavate me pupla, duke i grirë aq sa për të bërë ¼ filxhan. (Nëse përgatiteni përpara, ftohni 2 lugë gjelle zarzavate të grira, si dhe degët e mbetura me pupla për t'i përdorur për të zbukuruar pjatën kur shërbehen.) Rezervoni kërcellet e koprës për t'i përdorur në supa ose stoqe.

b) Pritini çdo njollë kafe nga llamba; rregulloni në një shtresë të vetme në një tavë 5 deri në 6 litra. Hidh supë dhe verë mbi to; mbulojeni dhe lëreni të vlojë në zjarr të lartë, më pas ziejini derisa kopër të jetë shumë i butë kur shpohet, 35 deri në 45 minuta.

c) Lëreni mënjanë derisa të ftohet mjaftueshëm për të trajtuar: rezervoni lëngun e gatimit.

d) Ndërsa kopër gatuhet, kombinoni kërpudhat, proshutën dhe 2 lugë gjelle me zarzavate të grirë kopër në një tigan 8 deri në 10 inç që nuk ngjit.

e) Mbulojeni dhe gatuajeni në zjarr mesatar-të lartë derisa kërpudhat të nxjerrin lëng, rreth 7 minuta.

f) Zbulojeni dhe gatuajeni, duke e përzier shpesh, derisa lëngu të avullojë dhe kërpudhat të marrin ngjyrë kafe, rreth 15 minuta; le menjane.

g) Me një thikë të vogël dhe një lugë me tehe të mprehta, hiqni pjesën e brendshme të llambave të koprës në mënyrë që të keni një guaskë ¼ inç të trashë, duke e mbajtur guaskën të paprekur.

h) Hidhni përzierjen e kërpudhave në mënyrë të barabartë në llamba. Rregulloni llamba në një enë pjekjeje aq të madhe sa t'i mbajë në një shtresë të vetme. Hidhni mbi to lëngun e rezervuar të gatimit.

i) Piqini llamba të mbushura me kopër, të mbuluara, në një furrë 375F/190C për 15 minuta; zbuloni dhe vazhdoni pjekjen derisa të nxehet, rreth 10 minuta të tjera (20 minuta nëse përgatiteni përpara dhe ftohet).

j) Transferoni llamba në një pjatë servirjeje; spërkateni lehtë me zarzavatet e mbetura kopër të grirë dhe zbukurojeni pjatën me degëza kopër.

76. Mango & proshuto

Bën: 50 porcione

PËRBËRËSIT:
- ½ paund proshuto të prera hollë
- 5 mango të pjekura fort, të qëruara dhe të prera në copa 1 inç
- Gëlqere pyka si një shoqërues

Ndani çdo fetë proshuto dhe mbështilleni çdo çerek rreth një copë mango, duke e siguruar me një kasetë druri. Vendosni hors d'oeuvres në një pjatë të ftohur dhe shërbejini ato me pykat e limonit.

77. Boconcini me sallatë kunguj të njomë dhe proshuto

Bën: 1 porcione

PËRBËRËSIT:
- 1 kile Bocconcini; topa të vegjël mocarela
- 3 lugë vaj ulliri ekstra të virgjër; plus 3 lugë gjelle
- 1 lugë gjelle gjethe trumze të freskëta të copëtuara
- 1 lugë gjelle Gjethe të freskëta të rigonit të copëtuara
- ¼ lugë çaji Thekon djegës të kuq të grimcuar
- Kripë dhe piper për shije
- 2 Kunguj të njomë, rreth 1 kile, të prera në feta për së gjati
- Lëkura e 1 limoni
- 1 tufë qiqra, skajet e hequra
- 2 domate me kumbulla, të prera në kube 1/4 inç
- 2 lugë uthull vere të kuqe
- 1 tufë majdanoz italian, i grirë hollë
- ¼ paund Proshuto, letër e prerë në feta të holla nga kasapi

Kulloni bokoncinin nga lëngu që hyri. Në një tas, vendosni kungull i njomë, 3 lugë vaj ulliri ekstra të virgjër, trumzën, rigonin, specat djegës të kuq të grimcuar dhe kripë e piper. Lini mënjanë të paktën 1 orë.

Vendosni fetat e kungujve në skarë dhe gatuajeni derisa të zbuten, por jo shumë të buta. Hiqeni nga grila dhe vendoseni në një tas mesatar. Shtoni lëkurën e limonit, qiqrat e plota, copat e domates së kumbullës, uthullën dhe majdanozin e grirë. Hidheni butësisht për të veshur kungull i njomë dhe ndajini në 4 pjata. Mbi çdo grumbull kungull i njomë vendosni 3 bokoncini dhe lërini mënjanë. Vendoseni të gjithë proshutën direkt mbi njëra-tjetrën dhe preni në të gjithë fetën në julienne shkrepse. Spërkateni mbi mocarela dhe kungull i njomë dhe shërbejeni menjëherë.

PIZZA

78. Pica me proskuitto dhe rukola

PËRBËRËSIT:
- 1 kile brumë pica, në temperaturë ambienti, i ndarë
- 2 luge vaj ulliri
- 1/2 filxhan salcë domate
- 1 1/2 filxhan djathë mocarela të grirë (6 ons)
- 8 feta të holla proshuto
- Disa grushte të mëdha rukole

UDHËZIME:
a) Nëse keni një gur pice, vendoseni në një raft në mes të furrës. Ngroheni furrën në 550°F (ose temperaturën maksimale të furrës) për të paktën 30 minuta.

b) Nëse e transferoni picën në një gur në furrë, vendoseni në një lëvozhgë ose dërrasë prerëse të lyer mirë me miell. Përndryshe, montoni në sipërfaqen ku do të gatuani (letër pergamene, fletë pjekjeje etj.). Duke punuar me një copë brumë në të njëjtën kohë, rrotullojeni ose shtrini atë në një rreth 10 deri në 12 inç.

c) Lyejmë skajet e brumit me 1 lugë gjelle vaj ulliri. Përhapeni gjysmën e salcës së domates mbi pjesën tjetër të brumit.

d) Spërkateni me rreth 1/4 e djathit. Shtroni 4 feta proshuto në mënyrë që të mbulojnë në mënyrë të barabartë brumin. Spërkateni me një tjetër 1/4 e djathit.

e) Piqni picën derisa skajet të jenë skuqur lehtë dhe djathi të jetë me flluska dhe të skuqet në pika, rreth 6 minuta në 550°F.

f) Hiqeni nga furra në një dërrasë prerëse, shpërndani gjysmën e rukolës sipër dhe prisni dhe shërbejeni menjëherë.

g) Përsëriteni me brumin e mbetur dhe mbushjet.

79. Pica Four Seasons/Quattro Stagioni

Bën: 1 pica të madhe

PËRBËRËSIT:
- 1 recetë për brumin bazë tradicional italian
- Mocarela, 6 ons, e prerë
- Proshuto, 3 ons, Feta
- Kërpudha Shiitake, Një filxhan, e prerë në feta
- Ullinj, ½ filxhan, të prerë në feta
- Salcë picash, gjysmë filxhani
- Zemra angjinare me çerek, Një filxhan
- Parmigiana e grirë, 2 okë

UDHËZIME:
a) Formoni brumin në një rreth me diametër 14 inç. Bëni këtë duke mbajtur skajet dhe duke e rrotulluar dhe shtrirë me kujdes brumin.
b) Lyeni brumin me salcë pice.
c) Shpërndani në mënyrë të barabartë fetat e mocarelës sipër.
d) Më vonë zemrat e angjinareve, proshuta, kërpudhat dhe ullinjtë në katër të katërtat e picës.
e) Shpërndani sipër parmigianën e grirë.
f) Pjekim në skarë/Pjekim për 18 minuta.

80. Pica në stilin e New Orleans

Bën: 1 pica të madhe

PËRBËRËSIT:
- 1 kore pice
- Hudhra, 2 thelpinj, të grira
- Ullinj të zinj pa fara, 8
- Djathë parmixhan i grirë, 2 oce
- Ullinj jeshil pa kokrra, 8
- Proshuto me feta, 4 ons
- Qepë, 2 lugë gjelle, të grira
- Rigon i tharë, gjysmë luge çaji
- Borziloku i freskët i grirë, 6 gjethe
- Sallam, 2 ons, i prerë në feta
- Djathë Mocarela, Dy ons
- Selino të copëtuar, 2 lugë gjelle
- Majdanoz i freskët, Një lugë gjelle, i grirë
- Vaj ulliri, 2 lugë
- Kripë dhe piper i zi i grirë
- Vaj ulliri, një lugë gjelle
- Hudhra pluhur, ½ lugë çaji
- Djathë Provolone, Dy ons
- Mortadella e prerë, Dy ons

UDHËZIME:
a) Përziejini të gjithë përbërësit, përveç djathit.
b) Mbi picën me përzierjen.
c) Piqni për rreth 5 minuta në 500 gradë F.
d) Hidhni djathin sipër dhe ziejini për rreth 5 minuta. Pritini dhe shërbejeni.

81. Pica me Angjinarja & Proshuto Pita

Bën: 4 pica

PËRBËRËSIT:
- Zemra të grira të artiçokut
- Qepë e kuqe, e prerë në feta
- Djathë mocarela e grirë, një filxhan
- Borziloku i freskët, për zbukurim
- Proshuto
- Salcë me spec të kuq të pjekur, një filxhan
- Djathë parmixhano, Gjysmë filxhani, i grirë
- Speca të kuq të pjekur

UDHËZIME:
a) Ngroheni furrën në 450 gradë Fahrenheit.
b) Lyejeni pak çdo pite me vaj ulliri nga të dyja anët.
c) Aplikoni salcën me spec të kuq dhe mocarelën e grirë sipër çdo pite.
d) Hidhni sipër kripë, parmixhan dhe më shumë maja të grira hollë.
e) E pjekim për 5 minuta dhe e shërbejmë të zbukuruar me borzilok të freskët.

a) **Pica proshuto dhe rukola**

Bën: 1 pica të madhe

PËRBËRËSIT:
- 1 recetë për brumin bazë tradicional italian
- Proshuto, 2 ons
- Salcë picash, një çerek filxhani
- Uthull balsamike, një lugë gjelle
- Mocarela, 3 ons, e prerë
- Gjethet e rukolës, Gjysmë filxhani

UDHËZIME:
a) Formoni brumin në një rreth me diametër 14 inç. Bëni këtë duke mbajtur skajet dhe duke e rrotulluar dhe shtrirë me kujdes brumin.
b) Përhapeni salcën e picës në mënyrë të barabartë në të gjithë brumin.
c) Rreshtoni në mënyrë të barabartë fetat e mocarelës përgjatë picës.
d) E mbulojmë picën me gjethet e rukolës dhe e përfundojmë me shiritat e proshutës.
e) Pjekim/pjekim për 15 minuta.
f) Ftoheni dhe më pas spërkateni me uthull balsamike përpara se ta prisni në feta.

82.   Mblidhni kunguj me gjalpë dhe pica me mollë

Bën: 4

PËRBËRËSIT:

- 1 lugë gjelle vaj ulliri ekstra të virgjër, plus më shumë për lyerje
- 2 qepe, të prera hollë
- ½ kile bukë pa gatuar dhe brumë pica
- 2 lugë gjelle gjalpë molle
- 1 mollë mjaltë e prerë, e prerë hollë
- 1 filxhan djathë mocarela e grirë
- ½ filxhan djathë çedër i grirë i grirë
- ½ kungull i vogël gjalpë, i rruar në shirita duke përdorur një qërues perimesh
- 8 gjethe të freskëta të sherebelës
- 3 ons proshuto të prera hollë, të grisura
- Kripë Kosher dhe piper i sapo bluar
- Piper i kuq i grimcuar
- 2 ons djathë blu, i grimcuar (opsionale)
- Mjaltë, për spërkatje
- Gjethet e freskëta të trumzës, për servirje

UDHËZIME:

a) Ngrohni furrën në 450°F. Lyeni me yndyrë një fletë pjekjeje.

b) Nxehni 1 lugë gjelle vaj ulliri në një tigan të mesëm në zjarr të lartë. Kur vaji të shkëlqejë, shtoni qepujt dhe ziejini derisa të marrin aromë, 2 deri në 3 minuta. E heqim tiganin nga zjarri.

c) Në një sipërfaqe pune të lyer lehtë me miell, hapeni brumin në një trashësi ¼ inç. Transferoni me kujdes brumin në fletën e përgatitur për pjekje.

d) Përhapeni gjalpin e mollës mbi brumin, duke lënë një kufi prej 1 inç. Shtoni qepujt e skuqur dhe fetat e mollës.

e) Shtroni mocarelën dhe çedarin, më pas vendosni sipër kungullin me gjalpë, sherebelën dhe proshutën. E rregulloni picën me pak kripë, piper dhe speca të kuq dhe spërkatni djathin blu (nëse përdorni) sipër.

f) Piqni derisa korja të jetë e artë dhe djathi të jetë shkrirë, 10 deri në 15 minuta. Spërkateni me mjaltë dhe spërkateni me trumzë për të përfunduar. Pritini dhe shërbejeni.

83. Pesto me gjethe mikro dhe pica rukole

Bën: 6

PËRBËRËSIT:
- 1 brumë pica
- 6 lugë gjelle mikro rukola dhe pesto limoni
- 1 filxhan mocarela
- 1 filxhan domate qershi
- 4 ons Proshuto
- 1 filxhan mikrogjelbërime limoni
- Piper i zi

UDHËZIME:
a) Kthejeni brumin në një sipërfaqe të lyer mirë me miell.
b) Hidhni pak miell sipër dhe ndajeni në 2 pjesë.
c) Rrokullisni në 2 topa dhe më pas shtrijeni brumin.
d) Hidhni gishtat me miell dhe më pas formoni brumin në forma rrethore.
e) Shtoni mikro-rukola dhe pesto limoni, pak mocarela të freskët, disa feta domate të freskëta qershi, proshuto dhe piper të freskët, nëse dëshironi.
f) Piqeni picën në një furrë të nxehur më parë në temperaturën më të lartë, rreth 500 °F për 10-15 minuta derisa të gjitha shtresat të duken të pjekura dhe të gatuara dhe korja të marrë ngjyrë të artë.

84. Pica e pjekur në skarë me barishte me proshuto

Bën: 4 porcione

PËRBËRËSIT:
- ¼ filxhan majdanoz i freskët i grirë
- 2 lugë gjelle Rigon i freskët i grirë
- 1 kile brumë pica
- miell misri
- 2 lugë vaj ulliri
- 2½ filxhan djathë Fontina i grirë (1/2 paund)
- ⅔ filxhan salcë domate
- ¼ filxhan Borzilok i freskët i copëtuar
- 6 feta të holla proshuto ose proshutë, të prera trashë

Në një sipërfaqe të lyer lehtë me miell, gatuajmë majdanozin dhe rigonin në brumë derisa të shpërndahen në mënyrë të barabartë. Pritini në gjysmë dhe formoni topa; mbulojeni dhe lëreni të pushojë për 15 minuta. Rrokullisni çdo top hollë për të bërë një rrumbullak 12 inç.

Vendosni çdo picë të rrumbullakët në tiganin e picës të pluhurosur me miell misri; lyejeni me pak vaj. Shpërndani djathin në mënyrë të barabartë sipër; lugë salcë domate mbi djathë. Spërkateni me vajin e mbetur.

Vendoseni në furrë 500ØF ose në skarë të mbuluar me yndyrë mbi nxehtësinë mesatare-të lartë; gatuajeni për rreth 12 minuta ose derisa korja të jetë e freskët dhe djathi të shkrihet dhe të marrë flluska. Shpërndani borzilok dhe proshuton sipër.

85. Pica me fiq dhe proshutë

Bën: 1 porcion

PËRBËRËSIT:
- 2 Rrumbullakët Brumë pica me fiq
- miell misri; për spërkatje
- 2 lugë çaji vaj ulliri
- ½ lugë çaji hudhër të grirë
- 2 Pini kripë të trashë
- 2 Pini piper të zi të sapo bluar
- 1 lugë çaji gjethe rozmarine të freskëta të copëtuara
- ½ filxhan reçel fiku;
- 4 ons djathë Gorgonzola; u shkërmoq në
- Copa me madhësi bizele
- 3 ons proshuto me feta të holla
- 1 qepë me qepë; prerë hollë Përgjatë

Një orë para gatimit vendosim një gur pjekjeje në furrë dhe ngrohim në 500 gradë.

Hapni një brumë pica sa më hollë që të jetë e mundur. E vendosim mbi një lëvozhgë pice të spërkatur me miell misri. Mbuloni sipërfaqen me 1 lugë çaji vaj, ¼ lugë çaji hudhër të grirë, 1 majë kripë dhe piper dhe ½ lugë çaji rozmarinë të grirë. Sigurohuni që të lini një buzë të jashtme të pambuluar, 1 inç të gjerë. Ndani në mënyrë të barabartë ¼ filxhan reçel fiku dhe 2 ons djathë Gorgonzola në picë. Sipër i hedhim gjysmën e proshutës.

Shkundni lehtë vozitën dhe rrëshqitni picën mbi gurin e pjekjes. Piqni derisa të marrin ngjyrë kafe, rreth 6 deri në 7 minuta. Transferoni në një sipërfaqe të fortë dhe priteni në feta. Shërbejeni menjëherë, të zbukuruar me gjysmën e qepës së prerë në feta.

Përsëriteni me brumin e mbetur.

86. **Pica me ton me kaponata dhe proshuto**

Bën: 4 porcione

PËRBËRËSIT:
1 guaskë buke italiane 12 inç për pica
1 lugë çaji vaj ulliri
1 kanaçe (7 1/2 oz.) caponata
1 kanaçe (6 oz.) ton i bardhë; kulluar dhe copëtuar
8 feta (1 oz.) proshuto
2 domate kumbulla; prerë 1/4, deri në 3
1 filxhan djath feta i grimcuar
1 filxhan djathë mocarela e grirë
Piper i kuq i grimcuar

1. Vendosni lëvozhgën e bukës në një fletë pjekjeje të veshur me petë; lyejeni buzën me vaj.
2. Përhapeni caponata brenda 1 inç nga skaji.
3. Sipër shtoni djathërat me ton, proshuto, domate, feta dhe mocarela.
4. Piqini në furrë në 450 gradë F për 10 deri në 12 minuta ose derisa djathi të shkrihet dhe pica të nxehet. Ftoheni 1 minutë para prerjes. Shërbejeni me piper të kuq të grimcuar sipas dëshirës.

87. Pica me proshuto-domate

Bën: 12 racione

PËRBËRËSIT:
- 1 kanaçe Salcë domate; (8 ons)
- 1 lugë çaji erëza italiane
- 1 thelpi hudhër; i grirë imët
- 3 gota Djathë mocarela e grirë ose fontina; (12 ons)
- 1 qepë e vogël; priten hollë dhe ndahen në rrathë
- ¼ filxhan djathë parmixhano të grirë
- 2 lugë të freskëta të grira ose
- 2 lugë çaji gjethe borziloku të thata
- ½ paund Proshuto
- 2 domate të mëdha kumbulle

KORJA
- 1 pako Maja e thatë aktive
- 1 gotë ujë të ngrohtë; (105 deri në 115f)
- 2½ filxhan miell për të gjitha përdorimet
- 2 lugë vaj ulliri ose vegjetal
- 1 lugë çaji Sheqer
- 1 lugë çaji Kripë

Vendoseni raftin e furrës në pozicionin më të ulët. Lyeni me yndyrë 2 fletë biskotash ose tepsi picash 12 inç. Ngrohni furrën në 425F. Përgatitni koren. Përzieni salcën e domates, erëzat italiane dhe hudhrën. Prisni proshuton ose proshutën e tymosur plotësisht të gatuar në shirita julienne (2 X ¼ X ⅛ inç). Ndani brumin në gjysmë. Përkulni secilën gjysmë në një rreth 11 inç në fletën e biskotave me gishtat e lyer me miell. Hidhni sipër përzierjen e salcës së domates, qepëve dhe djathit Fontina. I spërkasim me borzilokun, proshutën dhe domatet e kumbullës (të grira trashë). Spërkateni me djathë parmixhano.

Piqni nga një pica për 15 deri në 20 minuta ose derisa korja të marrë ngjyrë kafe të artë.

ËSHTIRËS

88. Shtresa briosh me gjalpë me proshuto

Bën: 8
PËRBËRËSIT:
- 3 lugë gjalpë të kripur, të prera hollë, plus më shumë për lyerje
- 6 briosha, të grisura përafërsisht në të tretat
- 8 vezë të mëdha
- 3 gota qumësht të plotë
- 1 lugë gjelle mustardë Dijon
- 1 lugë gjelle sherebelë e freskët e copëtuar
- ¼ lugë çaji arrëmyshk i sapo grirë
- Kripë Kosher dhe piper i sapo bluar
- 12 ons spinaq të ngrirë, të shkrirë dhe të shtrydhur të thatë
- 1½ filxhan djathë Gouda të grirë
- 1½ filxhan djathë Gruyère i grirë
- 3 ons proshuto të prera hollë, të grisura

UDHËZIME:

a) Ngrohni furrën në 350°F. Lyeni me yndyrë një enë pjekjeje 9 × 13 inç.

b) I radhisim brioshët në fund të enës për pjekje dhe i mbulojmë me gjalpin e prerë në feta. Piqni derisa të skuqet lehtë, 5 deri në 8 minuta. Hiqeni dhe lëreni të ftohet në tigan derisa të mos jetë më i nxehtë në prekje, rreth 10 minuta.

c) Në një tas mesatar, përzieni vezët, qumështin, mustardën, sherebelën, arrëmyshkun dhe pak kripë dhe piper. Përzieni spinaqin dhe ¾ filxhan të çdo djathi. Masën e derdhni me kujdes mbi brioshët e thekur duke e shpërndarë në mënyrë të barabartë. Spërkateni me djathin e mbetur dhe shtoni proshuton për të përfunduar. Mbulojeni dhe vendoseni në frigorifer për të paktën 30 minuta ose gjatë gjithë natës.

d) Kur të jeni gati për t'u pjekur, hiqni shtresat nga frigoriferi dhe ngrohni furrën në 350°F.

e) Piqni derisa qendra e shtresës të jetë vendosur, rreth 45 minuta. Nëse brioshët fillojnë të skuqen para se shtresat të kenë mbaruar zierjen, mbulojini me folie dhe vazhdoni pjekjen.

f) Hiqni shtresat nga furra dhe lërini të ftohen për 5 minuta para se t'i shërbeni.

89. Tortë balsamike me pjeshkë dhe brie

Bën: 6

PËRBËRËSIT:

- 1 fletë petë e ngrirë, e shkrirë
- ⅓ filxhan Pesto borziloku me limon
- 1 djathë Brie me rrota (8 ons), me lëkurë dhe të prerë në feta
- 2 pjeshkë të pjekura, të prera hollë
- Vaj ulliri ekstra i virgjer
- Kripë Kosher dhe piper i sapo bluar
- 3 ons proshuto të prera hollë, të grisura
- ¼ filxhan uthull balsamike
- 2 deri në 3 lugë mjaltë
- Gjethet e borzilokut të freskët, për servirje

UDHËZIME:

90. Ngrohni furrën në 425°F. Rreshtoni një fletë pjekjeje të rrethuar me letër furre.
91. Rrotulloni butësisht petën e sfumuar në një sipërfaqe të pastër pune në një trashësi 1/8 inç dhe transferojeni në fletën e përgatitur të pjekjes. E shponi në të gjithë brumin me një pirun, më pas shpërndajeni peston në mënyrë të barabartë mbi brumë, duke lënë një kufi prej ½ inç. Sipër pestos i vendosim Brie dhe pjeshkët dhe i spërkasim lehtë me vaj ulliri. I rregullojmë me kripë dhe piper dhe sipër i hedhim proshuton. Spërkatni skajet e brumit me piper.
92. Piqeni derisa pasta të marrë ngjyrë të artë dhe proshuta të jetë e freskët, 25 deri në 30 minuta.
93. Ndërkohë, në një tas të vogël, përzieni uthullën dhe mjaltin.
94. Hiqeni tartën nga furra, sipër lyeni gjethet e borzilokut dhe spërkatni me përzierjen e mjaltit. Pritini në copa dhe shërbejeni të ngrohtë.

64. Tortë mishngrënëse

Bën: 6

PËRBËRËSIT:
Braunschweiger
- ¼ kile shpatulla derri ose gjuhë viçi, e prerë në kubikë
- 10 ons mëlçi derri ose viçi, të prera në kubikë
- 2 vezë të ziera fort, të qëruara
- 6 ons yndyrë të shpinës së derrit, të prerë në kubikë
- 1 ½ lugë çaji kripë deti rozë

Për sipër
- 6 feta proshuto ose Carpaccio
- 6 feta proshutë

UDHËZIME:
a) Përgatiteni këtë pjatë 1 deri në 2 ditë para ngrënies.
b) Shtoni mëlçinë e derrit, shpatullat dhe kubet e yndyrës në një përpunues ushqimi dhe përpunoni mirë.
c) Hidheni atë në një tigan nga susta. E mbulojmë tiganin me fletë metalike në mënyrë që uji të mos hyjë në tigan. Sigurohuni që të jetë mbështjellë fort.
d) Merrni një tigan për pjekje, më të madhe se tigani i sustave dhe derdhni një centimetër ujë të vluar në fund të tiganit.
e) Vendoseni tavën nga susta në tavën e pjekjes.
f) Vendoseni tavën e pjekjes së bashku me tavën e sustave në furrë për rreth 2 orë. Sigurohuni që furra juaj të nxehet paraprakisht në 300° F përpara se ta vendosni tavën e pjekjes në furrë.
g) Nxirreni tavën e formës susta nga furra. Bëni 2 puse në tigan, aq të mëdha sa të futet një vezë. Vendosni një vezë të zier në çdo pus. Mbulojini vezët me një lugë mish.
h) Ftoheni dhe vendoseni në frigorifer për 1 - 2 ditë.
i) Sipër vendosni proshutën dhe fetat e proshutës. Shërbejeni.

95. Tortë me qepë dhe proshuto

Bën: 8 porcione

PËRBËRËSIT:
- ½ paund Petë sfumimi
- 4 qepë të mëdha; i copëtuar
- 3 ons Proshuto; i prerë në kubikë
- ½ lugë çaji trumzë
- ½ lugë çaji Rozmarinë
- 2 lugë vaj ulliri
- 12 ullinj të zinj të mëdhenj në vaj; me gropë
- Piper i zi i sapo bluar
- Kripë nëse është e nevojshme
- 1 vezë

Gatuani qepët në vaj me barishte derisa qepët të jenë transparente. Shtoni proshuton dhe gatuajeni për 3 minuta. Spërkateni me piper dhe kontrolloni kripën. Qetë. Hapeni brumin në një drejtkëndësh 11" me 9. Prisni 4 rripa brumi për të bërë kufijtë dhe shtypni ato në skajet e drejtkëndëshit. Transferojeni në fletën e biskotave dhe lyeni skajet me vezë të rrahur. Ftoheni ½ orë. Ngrohni furrën paraprakisht në 425 Përhapeni masën e qepëve në brumin e përgatitur, piqni për 30 minuta, zvogëloni nxehtësinë në 300, dekorojeni tartën me ullinj të prerë në feta dhe vazhdoni pjekjen edhe për 15 minuta.

96. Bukë me domate me proshuto

Bën: 1 porcione

PËRBËRËSIT:
- 1 paund bukë, 1 1/2 paund bukë
- 1 gotë ujë
- 2 lugë vaj vegjetal
- ⅓ filxhan domate të pjekur
- ⅓ filxhan ullinj, Alfonse pa koriza ose ullinj të tjerë të pjekur me verë
- ⅓ filxhan proshuto, e grirë
- 2 lugë çaji sheqer
- ½ lugë çaji sherebelë
- 1 lugë çaji kripë
- ⅓ filxhan miell thekre
- 1½ filxhan miell gruri integral
- 1½ filxhan miell buke
- 1½ lugë çaji maja

Piqeni sipas udhëzimeve të prodhuesit.

97. Proshuto-portokalli popovers

Bën: 6 racione

PËRBËRËSIT:
- 1 filxhan miell
- ¼ lugë çaji kripë
- 1 filxhan Qumesht
- 2 vezë; i rrahur lehtë
- 1 lugë margarinë e shkrirë
- 2 feta Proshuto; shkurtohet me yndyrë shtesë; i grirë imët
- 1 portokall i madh; lëvozhga e grirë imët e

a) Tavën e vendosim në furrë dhe e ngrohim në 450 gradë. Tavën e heqim nga furra sapo të nxehet.
b) Përziejini së bashku miellin dhe kripën. Rrahim qumështin, vezët dhe margarinën e shkrirë derisa masa të bëhet e qetë. Mos e teproni. Përzieni proshutën dhe lëkurën e portokallit.
c) E vendosim brumin në një tavë të nxehtë dhe e pjekim në furrën e parangrohur për 15 minuta. Kthejeni nxehtësinë në 350 gradë dhe vazhdoni të piqni për 15-20 minuta, derisa të fryhet dhe të skuqet. Asnjëherë mos e hapni derën e furrës gjatë kohës së pjekjes, pasi kapakët do të shfryhen.
d) Hiqeni nga furra dhe hidhni një thikë rreth secilit popover.
e) E heqim nga tigani dhe e shpojmë secilin me thikë.

98. Proshuta e ëmbëlsuar

PËRBËRËSIT:

- 3 gota sheqer
- 1 1/2 filxhan feta proshuto di Parma, të prera

UDHËZIME:

a) Shkrihet sheqeri ngadalë në një tenxhere të mesme, shtoni proshuton dhe përzieni për 3 minuta.

b) Përhapeni përzierjen mbi një tavë me dylli ose letër pergamene mbi të.

c) Lëreni të ftohet dhe copëtojeni që të shkërmoqet.

99. Tortë me patate me mocarela dhe proshuto

Bën: 6

PËRBËRËSIT:
- Tortë me patate me mocarela dhe proshuto
- 1/2 filxhan (35 g) bukë të freskët
- 900 gram patate të qëruara
- 1/2 filxhan (125 ml) qumësht të nxehtë
- 60 gram gjalpë i prerë në kubikë
- 2/3 filxhan (50 g) parmixhan të grirë
- 2 vezë
- 1 e verdhe veze
- 1 filxhan (100 g) mocarela e grirë
- 100 gram proshuto, të prera në kubikë
- raketë bebe, për të shërbyer

UDHËZIME:
a) Ngrohni furrën në shumë të nxehtë, 200°C (180°C me ventilator).

b) Lyejmë me gjalpë një tavë 20 cm në formë susta; spërkatni bazën me një të tretën e thërrimeve të bukës.

c) Gatuani patatet në një tenxhere me ujë të vluar me kripë për 15 minuta, derisa të zbuten. Kullohet; kthejeni në tigan për 1 minutë, derisa të thahet.

d) Grini patatet duke shtuar qumështin dhe gjysmën e gjalpit. Përzieni parmixhanin, vezën dhe të verdhën e vezës; sezoni.

e) Përhapeni tavën e përgatitur me gjysmën e përzierjes së patates. Mbuloni me mocarela dhe proshuto; sipër me përzierjen e mbetur të patates. Pikë me gjalpin e mbetur; spërkateni me bukën e mbetur.

f) Piqni për 30 minuta, derisa të marrin ngjyrë të artë dhe të ngrohtë; qëndroni tortën 10 minuta. Pritini dhe shërbejeni me raketë.

100. Panakota me bizele jeshile me proshutë

Bën: 8-10 racione

PËRBËRËSIT
PANNA KOTA BIZLEKE E GJELBËR:
- Spërkatje gatimi me canola ose vaj tjetër neutral
- 1 lugë gjelle. thekon agar agar
- 1 kërcell i vogël selino, i prerë në copa
- 2" degë rozmarine të freskët
- 1 gjethe dafine
- 1/2 lugë. kokrra të plota piper të zi
- 1/4 lugë. manaferrat e plota të pipëzave
- 2 degë majdanoz italian me gjethe të sheshta
- Kripë e tryezës, për shije
- 2 gota bizele jeshile
- 1/4 c. Krem i rëndë
- 2 lugë djathë brie
- Piper i kuq, për shije
- Piper, për shije
- Mikro zarzavate ose zarzavate selino, për zbukurim

patate të skuqura me proshutë:
- 4 feta të holla Prosciutto de Parma

PANNA KOTA BIZLEKE E GJELBËR:
a) Ngrohni furrën në 400º F me një raft në qendër. Rreshtoni një fletë pjekjeje të rrethuar me fletë metalike. Lyejini lehtë kupat e një tepsi për mini kifle me 12 filxhanë me llak gatimi dhe lërini mënjanë.

b) Kombinoni 1-3/4 gota ujë, agar agar, selinon, rozmarinën, gjethen e dafinës, kokrrat e piperit, manaferrat e erëzave, majdanozin dhe 1/4 lugë çaji kripë tryezë në një tenxhere të vogël. Lëreni të ziejë në zjarr të lartë, duke gërvishtur herë pas here fundin e tiganit dhe më pas ulni nxehtësinë në minimum. Vazhdoni të kruani pjesën e poshtme të tiganit herë pas here, pasi agar agar pëlqen të qetësohet, derisa të duket i tretur, rreth 6-8 minuta.

c) Shtoni bizelet në një blender dhe bëjeni pure. Kullojeni lëngun e agar-agarit përmes një sitë me rrjetë të imët në blender. Shtoni kremin e trashë, brie, një majë ose dy kajenë dhe ujë shtesë për të rritur volumin pak mbi 2 filxhanë.

d) Përziejini derisa të jetë e qetë, duke gërvishtur anët e blenderit sipas nevojës. Shijoni dhe rregulloni erëzat me kripë, piper të bardhë dhe kajenë shtesë nëse dëshironi, duke i përzier shkurtimisht për t'u përfshirë plotësisht. Shpërndani në mënyrë të barabartë masën midis 12 filxhanëve të përgatitur për kifle.

e) Prekni tiganin disa herë për t'u vendosur dhe për të ndihmuar në heqjen e çdo flluske ajri që mund të jetë formuar. Lëreni mënjanë për rreth një orë që agar-agari të qëndrojë.

f) Në kohën e servirjes, kaloni një thikë të hollë rreth buzës së panën dhe më pas nxirreni secilën jashtë.

patate të skuqura me proshutë:

g) Ngrohni furrën në 250° F.

h) Duke përdorur një prestar të rrumbullakët 1 inç, prisni rrathët e proshutës. Vendoseni në një tepsi me letër furre dhe piqini për 10-15 minuta derisa të jenë të freskëta. Rezervoni për zbukurim.

KUVENDI:

i) Vendosim panën në një tepsi.

j) Vendosni një disk proshuto në aioli.

k) Dekoroni me mikro zarzavate ose zarzavate selino.

PËRFUNDIM

Shpresojmë që ky libër gatimi t'ju ketë frymëzuar të provoni mënyra të reja dhe krijuese për të përdorur proshuton në gatimin tuaj. Pavarësisht nëse jeni duke argëtuar mysafirë, duke ushqyer familjen tuaj ose thjesht duke u kënaqur me dashurinë tuaj për kuzhinën italiane, këto receta me siguri do t'i kënaqin shijet tuaja dhe do t'ju lënë të ndiheni të kënaqur. Mos kini frikë të eksperimentoni me shije, përbërës dhe teknika të ndryshme gatimi - kjo është bukuria e gatimit me proshuto! Dhe me 100 receta për të zgjedhur, nuk do t'ju mbeten kurrë pa ide të shijshme. Ju falemnderit që na u bashkuat në këtë udhëtim kulinarie dhe ju urojmë gatim të lumtur!

Ingram Content Group UK Ltd.
Milton Keynes UK
UKHW021840100723
424883UK00008B/45